# Comment contrôler sa pensée

## Pour réaliser le bonheur et la prospérité

**Données de catalogage avant publication (Canada)**

DuBois, Madeleen, 1946 -

Comment contrôler sa pensée pour réaliser le bonheur et la prospérité

ISBN 2-89089-953-5

1. Bonheur.   2. Réalisation de soi.   I. Lemieux, Michèle, 1962-.   II. Titre

BF575.H27D8 1995          158          C95-941074-0

LES ÉDITIONS QUEBECOR
7, chemin Bates
Bureau 100
Outremont (Québec)
H2V 1A6
Tél.: (514) 270-1746

© 1995, Les Éditions Quebecor
Dépôt légal, 3ᵉ trimestre 1995

Bibliothèque nationale du Québec
Bibliothèque nationale du Canada
ISBN: 2-89089-953-5

Éditeur: Jacques Simard
Coordonnatrice à la production: Dianne Rioux
Conception de la page couverture: Bernard Langlois
Photo de la page couverture: Réflexion Photothèque
Révision: Sylvie Massariol
Correction d'épreuves: Claire Morasse
Impression: Imprimerie L'Éclaireur

# Madeleen DuBois

## EN COLLABORATION AVEC MICHÈLE LEMIEUX

# Comment contrôler sa pensée

*Pour réaliser le bonheur et la prospérité*

**Les Éditions Québecor**

# *Dédicace*

À tous mes étudiants et amis,
de toujours et d'un jour,
fidèles et infidèles.

# Remerciements

À ma mère Georgette.

À mes sœurs Murielle, Monique, Mariette, Maryse, Micheline, et à mon frère Robert.

À mes ex-conjoints André et Ligori.

À tous mes amis et amies.

À mes enseignants: Lucien Auger, Julien Giguère et André Moreau.

À tous mes étudiants passés, présents et à venir et à tous ceux qui viennent m'entendre dans les salles de conférence.

À ma collaboratrice et amie, Mariane Tessier.

À monsieur Jacques Simard et aux Éditions Quebecor qui ont permis la publication de ce livre.

À Michèle Lemieux, qui a rédigé cet ouvrage.

Et enfin, à mon tendre amour, G.P., pour son appui et son encouragement constant.

*Rien de ce qui résulte du progrès
humain ne s'obtient
avec l'assentiment de tous,
et ceux qui aperçoivent la lumière
avant les autres sont condamnés
à la poursuivre en dépit des autres.*

Christophe Colomb

# Table des matières

# *Introduction*

Nous sommes tous en quête de bonheur. Nous portons tous en nous le désir d'améliorer notre existence et de réussir notre vie. Ce succès, nous l'avons tous un jour ou l'autre cherché dans des avenues qui nous ont forcés à constater que nous avions fait fausse route.

Nous avons tenté de trouver la félicité dans une relation amoureuse, dans l'exercice de nos fonctions profession-nelles, dans la vie familiale, dans l'accumulation de biens et d'argent. Puis, après avoir cherché à l'extérieur de nous-mêmes une façon d'être heureux, nous avons soupçonné tout à coup que nous cherchions peut-être à la mauvaise place. C'est à ce moment que la plus belle aventure qui soit a débuté.

De fait, le jour où nous nous sommes tournés vers l'intérieur au lieu de nous disperser dans des bonheurs éphémères à l'extérieur, nous avons commencé à éprouver de véritables sentiments de contentement. Dès lors, nous avons pu affirmer que nous étions enfin heureux. Profondé-ment heureux.

En nous se trouve la plus belle et la plus grande source de vérité et de bonheur qui soit parce que nous sommes des êtres de lumière qui devons vivre comme tels. Mais com-ment arrive-t-on concrètement à vivre de plus en plus dans la lumière? Comment manifester notre nature divine? Comment entrer de plus en plus en contact avec notre Je Suis afin de le laisser transformer positivement notre existence? C'est à toutes ces interrogations que ce livre répond.

Que la lecture de ce bouquin vous permette d'exprimer de plus en plus ce que vous avez de plus beau et de plus extraordinaire, mais surtout qu'il vous inspire à devenir ce que vous êtes réellement, fils et fille de lumière.

Madeleen DuBois

# CHAPITRE PREMIER

# Notre pensée crée notre réalité

*Toutes vos réalisations
et vos échecs dans la vie
sont le résultat direct de vos pensées.*

*James Allen*

*L*e mouvement de la Vie ne nous est plus étranger. Nous savons d'ores et déjà qu'il va toujours dans le même sens, soit de l'invisible au visible. Ainsi, la matière, tout ce qui nous entoure, tout ce que nous pouvons voir, que ce soit les meubles ou chacun des objets que nous utilisons, sont, à leur origine, une pensée. Notre existence n'échappe pas à cette règle qui régit le mouvement de la Vie: elle se crée à partir des pensées que nous entretenons.

La pensée est multipliée lorsqu'elle est jumelée à l'émotion. Pour voir se concrétiser nos aspirations, nous ne devons pas nous contenter d'y songer. Nous devons ajouter l'ingrédient magique qui sert de catalyseur et permet la réalisation de nos plus chers désirs: l'émotion. En effet, l'émotion conjuguée à la pensée donne des résultats en conséquence. Une pensée qui n'est pas accompagnée d'émotions ne donne que peu de résultats.

Il est préférable qu'il en soit ainsi, car si nous avions le pouvoir de créer instantanément selon nos pensées, nous pourrions occasionnellement nous retrouver dans des situations particulièrement fâcheuses et difficiles. S'il nous fallait seulement penser à quelque chose de grave pour que cette situation se produise instantanément, ce serait dramatique!

Pour créer une réalité, il faut donc allier pensée et émotion. Le fait de ressentir avec intensité la situation que nous aimerions voir se produire, de vivre dans l'expectative permet de concrétiser nos pensées. Lorsqu'une pensée suscite en nous de vives émotions, c'est comme si nous venions de mettre en action, au niveau de l'invisible, un important processus de concrétisation. Et comme le mouvement de la Vie se développe toujours de l'invisible au visible, ce sont nos pensées et nos émotions qui se concrétisent dans la matière et qui créent notre réalité.

Il est essentiel d'ouvrir ici une parenthèse. Bien des gens font difficilement la différence entre le sentiment et l'émotion. Pourtant, il en existe une qui est importante, voire capitale. Le sentiment est profond et beaucoup plus stable que l'émotion. L'émotion est toujours vive, se ressent fortement, mais sa nature est beaucoup plus brève. La peur, par exemple, est une émotion très forte mais de courte durée.

Si nous pouvons raisonner nos sentiments, nous ne pouvons, en revanche, rationaliser nos émotions. En ce sens, l'émotion est un moteur fort puissant dont l'intensité nous propulse dans différentes directions. Par souci d'être bien comprise, je vous livre ici l'exemple d'une amie qui vivait dans la peur et qui, par ses pensées, concrétisait un peu plus chaque jour l'objet de sa crainte.

J'ai longtemps travaillé en milieu hospitalier, particulièrement du côté des soins intensifs. Cette amie effectuait le même travail que moi. Je me rappelle qu'à une époque, elle me confiait régulièrement ses craintes d'avoir un cancer du sein après avoir été vivement impressionnée par le cas d'une patiente dont elle s'occupait et qui avait été opérée pour une mastectomie. Le fait de côtoyer cette patiente chez laquelle on avait procédé à l'ablation d'un sein lui faisait songer que ça pouvait aussi lui arriver...

Le soir, lorsqu'elle rentrait chez elle, elle s'assoyait dans un fauteuil pour se détendre et se laissait submerger par des images toutes plus effroyables les unes que les autres. Elle songeait à cette femme qui avait perdu un sein et transpirait de peur à la pensée que cela pouvait aussi lui arriver. Inconsciemment, elle mettait en marche tout un processus extrêmement puissant pour voir cette peur se concrétiser. Elle alliait une émotion très puissante à sa pensée, en l'occurrence la peur.

Notre vie pourrait se comparer à un jardin dans lequel nous râtelons, sarclons, ensemençons des pensées et récoltons des actions. Il en est avec nos pensées comme il en est avec la nature: nous nous plions à cette loi universelle qui veut que nous récoltions toujours ce que nous avons mis en terre.

En ce sens, les pensées que nous entretenons en notre for intérieur sont comme les semences qui détermineront la récolte. Plus nous pensons à la joie, au bonheur, au plaisir, plus nous fixons notre attention sur les belles choses de l'existence, plus nous les concrétisons dans notre vie. À l'inverse, plus nous songeons à des choses négatives, plus nous en matérialisons.

À partir de cette vérité, nous pouvons assurément avancer avec certitude que le hasard n'existe pas. D'ailleurs, cet énoncé est maintenant une vérité scientifique. Nous savons dorénavant que rien n'arrive en vain, que rien n'est laissé au hasard et que chaque situation que nous vivons a été soigneusement préparée par nous-mêmes, consciemment ou inconsciemment.

Nous sommes responsables de tout ce qui se produit dans notre vie parce que nous télécommandons, par notre taux vibratoire, tout ce qui se présente dans notre existence, que ce soit les événements, les gens ou les objets. Personne ne peut entrer dans notre champ vibratoire sans avoir été préalablement invité. Il n'arrive à un être que ce qui lui ressemble au niveau vibratoire.

❊
*Nous appelons à nous des gens*
*et des événements selon nos pensées.*
*Que nous en soyons conscients ou non n'a aucune*

***espèce d'importance. Notre ignorance des lois n'empêche aucunement leur action et n'empêchera jamais les événements conséquents de se produire éventuellement.***

Il nous arrive de préparer le terrain afin de recevoir des choses positives, mais aussi des choses négatives. En ce sens, notre travail au niveau de la pensée doit être orienté vers un mieux-être, vers une meilleure qualité de vie, vers une plus grande conscience.

Parfois, nous alimentons une pensée négative et l'attirons dans notre existence même si nous n'en voulons pas. C'est pourquoi nous devons être vigilants face à nos semences, face aux pensées que nous entretenons. C'est un exercice de tous les instants.

Un jour, j'ai vu dans un journal local qu'on annonçait des conférences sur la philosophie de la vie. J'avais reçu, jusqu'à ce jour, diverses formations – entre autres en psychologie et en milieu hospitalier –, mais je n'en avais jamais suivi dans le domaine philosophique. Intriguée, j'en ai parlé avec celle qui était à la fois mon amie et ma compagne de travail et je l'invitai à se joindre à moi. Nous nous sommes inscrites ensemble à ce cours.

Dès le premier soir, le conférencier a expliqué que lorsqu'une pensée était accompagnée d'une émotion, l'événement en question était en voie de se réaliser. L'amie qui m'accompagnait fut peu rassurée et songea aussitôt à sa peur de subir l'ablation d'un sein. Elle en parla à la pause avec le conférencier. Il lui suggéra d'utiliser symboliquement un gallon de peinture de même qu'un large pinceau et d'affirmer, en imaginant effectuer un gros X sur la pensée en question, la phrase suivante: «Au nom de mon Être infini, au nom de ma Divinité intérieure, j'annule cette pensée.»

C'est ce que mon amie fit chaque soir, particulièrement avant de s'endormir, car les pensées précédant le sommeil sont d'une importance capitale puisqu'elles sont amplifiées par le subconscient. Elle faisait et refaisait régulièrement cet exercice en espérant qu'elle annihilerait les pensées négatives qu'elle avait auparavant entretenues au sujet de sa santé. Malheureusement, le jour, lorsqu'elle retournait auprès de sa patiente, la même peur du cancer du sein reprenait le dessus. Son problème n'était donc pas résolu par cette simple autosuggestion.

Toutefois, par le biais des conférences que nous allions entendre ensemble, elle comprit l'importance des pensées qu'elle entretenait de même que les lois qui les régissent. Elle se rendit compte que la pensée est créatrice et que c'est elle qui est à l'origine de tout ce qui existe. Ainsi, elle commença à exercer un certain contrôle sur ce qui lui passait par la tête et choisit de ne plus s'attarder à des pensées négatives. Elle croit aujourd'hui qu'elle a su éviter un cancer du sein – qu'elle se serait donné par la peur – en changeant ses pensées.

Un autre bon exemple de la puissance de nos pensées nous est fourni par John Lennon, l'ex-membre des célèbres Beatles. Il semblerait qu'il avait très peur, durant les deux dernières années de sa vie, d'être tiré à bout portant. Il se questionnait souvent à savoir comment un individu pouvait se sentir lorsqu'il était atteint d'un projectile. Il regardait des films relatant la vie d'hommes célèbres qui avaient connu une fin semblable – Gandhi, Martin Luther King, John F. Kennedy – afin de tenter de comprendre ce que ces hommes avaient bien pu éprouver au moment de mourir aussi violemment.

En agissant ainsi, qu'il en fût conscient ou non, il attirait à lui un tueur. À force d'entretenir des pensées en ce sens, le tueur finit par se manifester: un homme venu d'Australie l'abattit en pleine rue à sa sortie de chez lui à New York. Le jeune homme qui posa ce geste déclara par la suite ne pas connaître sa victime et n'avoir jamais rien eu personnellement contre elle...

Nous sommes tous, en permanence, responsables à part entière de ce qui nous arrive, tout comme John Lennon qui avait «télécommandé» son tueur. Il fut responsable de sa mort tout comme le tueur est responsable du geste qu'il a fait. Ils se sont attirés, l'un et l'autre, parce que leur taux vibratoire se complétait, parce que cette expérience était nécessaire à l'évolution de leur âme.

Nous sommes responsables de ce que nous avons été, de ce que nous sommes et de ce que nous devenons. Ainsi, nous sommes aussi responsables de ce que nous faisons et de ce que nous attirons dans notre vie.

Il n'y a aucune différence entre John Lennon et mon amie. L'ex-Beatles est mort par balle, fin qu'il craignait; mon amie, quant à elle, aurait pu mourir à son tour du cancer, maladie qui lui faisait si peur. Par contre, elle n'a pas perdu un sein, car elle a expérimenté ce que nous pourrions qualifier d'ouverture du champ de sa conscience. Elle a compris l'importance de ses pensées et a su les modifier à temps afin d'éviter de voir ses peurs se concrétiser. Il en est de même pour nous tous. Nous pouvons choisir dès maintenant de n'entretenir que des pensées qui génèrent du bonheur dans notre existence.

Le champ de conscience est lumière. Plus nous intensifions la lumière, plus l'obscurité disparaît. L'obscurité n'est pas, comme nous le croyons souvent, l'opposé de la lumière. Elle est en fait de la lumière mais à faible intensité. Il n'y a pas de dualité entre l'obscurité et la lumière, pas plus qu'il n'y a de dualité entre l'amour et la haine. Il s'agit du même sentiment. La haine n'est que de l'amour à l'état primitif, de l'amour mal canalisé, mal exprimé.

La lumière, c'est cette fameuse conscience qui est au centre de toute Vie. C'est justement de cette conscience dont il sera question au prochain chapitre.

# CHAPITRE 2

# Qu'est-ce que le Je Suis ?

*Une autre vie existe plus haut,*
*plus bas, au plus profond de soi.*

*La Bhagavad Gîtâ*

*T*out au long de ce livre, il sera souvent question du Je Suis. Le Je Suis, c'est l'Être infini qui nous habite. Nous pourrions l'appeler Dieu, Allah, Bouddha selon nos croyances ou nos préférences, mais en fait, le nom que nous attribuons à la divinité n'a aucune espèce d'importance. Le Je Suis est un centre de gravité permanent, un noyau d'être éternel qui nous habite tous et que nous pouvons faire grandir par la conscience.

La conscience dont il est ici question n'a rien à voir avec la conscience morale qui nous permet d'évaluer ce qui est bien ou ce qui est mal, qui nous permet de distinguer ce qui est juste et bon de ce qui ne l'est pas. Puisque la conscience est en fait l'Être infini, elle dépasse la dimension humaine où tout se perçoit sous forme de dualité.

Du point de vue de l'Être infini, rien n'est positif ou négatif, car chaque événement, chaque situation, chaque rencontre, chaque sentiment, chaque émotion, chaque occasion de pleurer ou de se réjouir se veut une occasion d'apprentissage et chacune de ces occasions recèle une leçon que nous devons apprendre et intégrer jusqu'à l'assimilation totale.

D'ailleurs, c'est pour cette raison que nous répétons souvent le même type d'expériences. Il est aisé de constater que, par exemple, nous attirons souvent le même type de conjoint ou de commentaires. C'est que nous devons apprendre des leçons et tirer de sages enseignements de tous les événements. Par exemple, un conjoint envahissant peut nous enseigner à prendre notre place et à nous affirmer. Les mêmes situations se présentent donc systématiquement dans notre existence jusqu'à ce que nous ayons appris la leçon qui s'y rattache.

Lorsque nous abordons le thème du développement spirituel, de l'apprentissage de la vie, nous devrions poser sur nous-mêmes et sur les autres le même regard rempli d'indulgence que nous posons sur un enfant qui effectue ses premiers pas. Même s'il se trompe, même s'il commet des erreurs ou des bévues, nous savons pertinemment bien qu'il les effectue dans le but d'apprendre par lui-même et d'évoluer. Ainsi va l'apprentissage de la vie.

Lorsqu'il tombe et se blesse, nous le secondons et le consolons avec amour, mus par la compassion qui nous habite. Il serait alors malvenu de lui faire la morale! Nous savons que ces expériences, parfois heureuses, parfois douloureuses, sont en fait une condition essentielle à son évolution et nous le soutenons à travers celles-ci avec tendresse et amour.

Grandir spirituellement, c'est arriver à développer à notre égard cette même indulgence, cette même tolérance teintée de bonté. Quelle que soit l'expérience que nous vivons, nous pouvons développer une certaine bienveillance face à nous-mêmes en cessant de nous culpabiliser, en refusant de nous critiquer ou de nous faire des reproches. Rappelons-nous que tous les événements de notre vie ne servent en fait qu'à nous apprendre des leçons. Et ces leçons, nous avons choisi de les apprendre.

Nous pouvons aussi nous rappeler que l'erreur n'existe pas, si ce n'est que par notre perception erronée des choses. En réalité, chaque situation, même celles qui nous semblent les plus absurdes, sont en fait une occasion d'apprentissage et de croissance. Car la vie nous sert à apprendre et à grandir, parfois dans la joie, parfois dans la peine... mais jamais en vain.

Nous pouvons aussi faire grandir par la conscience le noyau d'être qui est en nous, le centre de gravité mentionné précédemment et que nous appelons le Je Suis. Le Je Suis, ce n'est pas le reflet de notre personnalité, mais plutôt le centre de cette vérité infinie et absolue qui nous habite. Notre Je Suis, c'est nous... mais en plus grand. C'est cette partie de nous qui est constamment et à jamais parfaite et en équilibre.

Nous pouvons et nous devons donner à notre Je Suis encore plus de place. De plus en plus de place. C'est le travail que nous devons effectuer ici-bas. Permettre au Je Suis de se manifester pleinement, c'est diviniser notre être, car Je Suis est Dieu manifesté dans tous les aspects de nous-mêmes: dans nos corps physique, mental, émotionnel et spirituel.

Il est de notre responsabilité de conserver un certain équilibre entre tous les aspects de notre être. Nous ne devons pas développer à outrance notre vie spirituelle au détriment de notre vie physique ou matérielle, ou l'inverse. Nos quatre corps sont d'égale importance et méritent d'être traités comme tels.

Nous devons être conscients de notre corps physique, de notre corps mental, de notre corps émotionnel et de notre corps spirituel. Ils sont tous divins. Le corps spirituel joue un rôle particulièrement important, car il englobe les trois autres corps. Il permet de dominer, de mettre au service l'humain en nous afin de cristalliser le divin et d'envelopper de lumière nos trois autres corps.

La lumière dont il est ici question en est une d'un beau blanc doré, comme cette lumière qui luit par les belles journées d'été. Cette lumière que nous apercevons à l'extérieur est aussi disponible à l'intérieur de nous. Lorsque nous prenons conscience de notre divinité, nous découvrons que nous sommes des êtres de lumière qui peuvent briller dans toutes les sphères de leur vie.

❋

*Lorsque nous prenons conscience de notre divinité*
*(Je Suis), nous intensifions la lumière en nous et*
*nous pouvons dès lors déployer celle-ci dans toutes*
*les sphères de notre vie.*

❋

Si, par exemple, nous éprouvons des problèmes sur le plan relationnel avec un membre de notre famille, un compagnon de travail ou notre conjoint, nous pouvons, en pensée, l'envelopper de lumière. Ce simple exercice viendra à bout de bien des soucis et contribuera à résoudre le dilemme... comme par magie. Ce qui peut difficilement se régler dans la dimension visible peut aisément être résolu dans l'invisible.

De la même manière, si nous désirons apprendre une matière ou acquérir certaines connaissances, enveloppons notre intelligence de lumière avant de nous endormir. L'apprentissage sera alors d'autant plus facile. En fait, quelle que soit la situation épineuse ou la problématique, nous pouvons travailler avec la lumière avec confiance, car cette technique donne de fort bons résultats.

Lorsque notre lumière intérieure est de faible intensité, nous attirons à nous des gens et des événements qui y correspondent. Ainsi, il n'y a rien de moins accidentel qu'un accident. Ce n'est pas le fruit du hasard! Lorsque nous nous véhiculons à faible intensité, nous provoquons toutes sortes d'accidents. Inversement, lorsque nous sommes lumineux, nous sommes divinement protégés dans tous nos déplacements, dans toutes nos relations et dans toutes les sphères de notre existence.

❋

*C'est notre propre intensité lumineuse*
*qui assure notre protection dans tous les domaines*
*de notre vie. Cette lumière ne provient pas de*
*l'extérieur, elle jaillit de l'intérieur de nous-mêmes.*
*Il est de notre responsabilité de l'intensifier.*

❋

Ne pas être conscients de notre divinité, c'est vivre au stade animal. Lorsque c'est le cas, notre vie se résume à manger, à dormir, à travailler et à recommencer ce train-train... jusqu'à ce que nous quittions le plan terrestre. Cette existence ressemble étrangement à celle des animaux. Ce qui différencie l'homme de l'animal, c'est sa capacité à réfléchir, son intelligence, sa foi et sa conscience.

Il nous faut faire un travail de conscience sur nous-mêmes, mais ce fameux travail demande de la présence à nous-mêmes. Cet exercice ne nous a pas été enseigné par nos professeurs ou nos parents. L'éducation que nous avons reçue ne nous a pas appris à prendre soin de nous, mais bien à nous oublier, à faire plaisir aux autres, à faire le bonheur des autres, et ce, sans nous préoccuper de nous-mêmes.

Cela peut sembler égoïste de demander à quelqu'un de penser à lui d'abord, de ne plus s'oublier. De fait, il est important d'apprendre à penser correctement à nous, à faire preuve d'une certaine générosité à notre égard. Et alors oui! cette façon de voir les choses peut sembler égoïste... Et pourtant, le véritable égoïste n'est pas celui qui pense à lui avec sagesse et générosité, mais plutôt celui qui en est incapable et qui exige que les autres le fassent à sa place.

*Lorsque nous attendons que nos besoins soient comblés de l'extérieur, nous sommes assurément condamnés à la frustration.*

Lorsque nous apprenons à penser à nous sainement, nous n'aimons pas moins les autres pour autant, mais nous les aimons mieux. Beaucoup mieux. Nous aimons les autres dans la même mesure et avec la même intensité avec laquelle nous sommes capables de nous aimer. Nous ne pouvons offrir respect, tolérance, indulgence, compassion et compréhension à un autre individu si nous sommes incapables d'avoir cette attitude à notre égard. Voilà ce que nous devons apprendre à nous donner afin de pouvoir ensuite l'offrir aux autres.

# CHAPITRE 3

# Contrôler le mental pour laisser place à la divinité

*La vérité est la fin et le but de toute vie, et les mondes existent pour accueillir la vérité. Ceux qui refusent d'aspirer à la vérité n'ont pas compris le sens de la vie. Béni soit celui qui fait de la vérité sa demeure.*

*Pensée bouddhiste*

*N*ous sommes tous pourvus d'un mental qui jase en permanence. Se nourrissant du connu – que ce soit l'éducation reçue, nos expériences personnelles, les fausses croyances qui nous ont été transmises –, le mental nous en fait voir de toutes les couleurs en nous ramenant constamment à ces expériences antérieures.

Le mental, c'est une mémoire phénoménale qui a cette particularité d'amplifier et de dramatiser à l'extrême, soi-disant pour nous protéger. Jamais il ne minimise, car sa tendance naturelle va dans le sens de l'exagération.

Puisque les références du mental sont toujours nourries par les sens et tournées vers le passé, le mental nous fait entrevoir l'avenir avec crainte, comme si nous allions répéter inlassablement les expériences difficiles et les douleurs vécues jadis. Ainsi, lorsque nous sommes à l'écoute de notre mental, il nous ramène toujours et invariablement vers de vieilles expériences révolues et nous empêche de profiter pleinement du moment présent.

*Le mental est un magnifique serviteur, mais un très mauvais maître. Si nous l'entraînons à demeurer dans l'instant présent, si nous le disciplinons à ne pas nous influencer négativement, si nous le dominons afin qu'il ne brandisse plus les spectres du passé pour nous faire craindre le pire, il peut dès lors merveilleusement bien nous servir.*

Les perturbations émotionnelles trahissent que le mental a pris le contrôle de nos pensées en nous présentant des images tristes, angoissantes, insécurisantes, effrayantes. C'est le mental qui génère ces images. Comme le système émotionnel est en fait une cage de résonance qui amplifie ce qui est ressenti, nous perdons alors le contrôle de nous-mêmes. Pour que revienne la paix, il nous faut calmer le mental. Dès lors, les émotions font de même.

Le mental jase en permanence, sans répit. Pour cesser son activité, je m'installe dans mon appartement, je ferme toutes les lumières et j'allume une bougie. Assise devant celle-ci, je la regarde, je la fixe sans cligner des yeux pendant quelques minutes. C'est le moyen le plus efficace que j'ai trouvé pour calmer mon mental. Il arrête alors de jaser et je peux ainsi laisser plus de place à mon Je Suis et le laisser grandir.

*Nous ne sommes pas que notre corps,*
*notre mental ou nos émotions.*
*Nous sommes le Je Suis, éternellement.*
*L'éternité ne commence pas de l'autre côté de la Vie.*
*L'éternité est constamment ici et maintenant.*

Lorsque nous sommes capables de faire le calme en nous, d'aller chercher cette paix qui réside dans les profondeurs de notre être, de nous laisser bercer par cette douce énergie qui nous habite, l'harmonie s'établit aussi à l'extérieur de nous-mêmes. Lorsque nous générons de la paix en nous-mêmes, nous en générons forcément à l'extérieur. Les conflits que nous résolvons en nous se résolvent aussi à l'extérieur, dans la matière. Occupons-nous de l'intérieur et l'extérieur se transformera en conséquence.

Au cours de l'année 1994, j'ai perdu une amie. Alors âgée de 42 ans à peine, elle fut terrassée par un infarctus. Même si je n'ai pas l'habitude d'aller au salon mortuaire ni

aux funérailles, car ces cérémonies ne rejoignent aucunement mes croyances. Cela dit, je respecte profondément les
gens qui s'y adonnent, je fis exception et y allai quand
même. Regardant son corps dans le cercueil, je me disais
qu'elle n'était plus là, dans cette forme dans laquelle je
l'avais connue mais je la sentais en tant que présence, en tant
qu'énergie. Son corps en fait n'était plus qu'une coquille
vide mais elle, en tant qu'esprit, survivait sur un autre plan.

Vivre à l'état animal, c'est croire que la Vie se termine après
la mort. Être conscient, c'est nous rappeler constamment que
nous ne sommes pas qu'un corps, qu'un mental ou que des
émotions. Nous sommes tout cela, c'est vrai, mais nous sommes
beaucoup plus. Nous sommes cette étincelle de Vie qui survit
éternellement, nous sommes cette conscience divine, nous
sommes ce Je Suis depuis toujours et à jamais.

Certaines personnes, arrivées à un certain degré de
conscience quittent le plan terrestre en emportant leur corps
qu'elles convertissent en lumière. Le corps est alors lumière,
lumière coagulée.

Si nous effectuons un travail de conscience de manière
assidue avec la lumière, nous pouvons, si nous le voulons,
devenir immortels, connaître la jeunesse éternelle, effectuer
l'ascension ultime avec notre corps. Évidemment, nous
pouvons avoir d'autres priorités dans la vie, mais il y a
effectivement des gens qui choisissent de faire ce travail sur
la conscience.

Lorsque nous quittons le plan terrestre, avec quoi
partons-nous vers l'autre dimension? Nous ne partons vers
l'autre monde ni avec nos amis, ni avec notre argent, nos
biens matériels, notre automobile, notre maison ou nos
enfants. Nous partons vers le monde dit meilleur avec l'Amour
que nous avons donné et reçu.

Ce principe de vie se veut fort simple, et nous n'avons
pas besoin d'être morts pour le comprendre. Il stipule que

tout ce que nous vivons sur les plans visible et invisible est le résultat de notre intensité lumineuse et de la puissance de notre amour.

Nous pouvons décider de dégager peu cette lumière qui est nôtre, de dégager peu l'amour dans notre existence. Le résultat est alors évident: notre vie est triste, fade et sans but. Par contre, lorsque nous choisissons de développer notre intensité lumineuse, nous mettons en action une magie qui transforme toute notre vie, qui ressemble dès lors à cette lumière que nous projetons.

La lumière permet de vivre dans l'harmonie à tous les niveaux de notre vie. Lorsque survient un obstacle, c'est qu'il y a blocage d'énergie. Et lorsqu'il y a blocage d'énergie, lorsque l'énergie ne circule pas librement, il nous faut chercher du côté de l'Amour. En effet, un blocage d'énergie est en fait un blocage au niveau de l'Amour. De la même façon, un manque d'énergie cache toujours un manque d'amour.

Le corps est régi par ce même principe. Lorsque nous sommes fatigués, ce n'est pas tant un symptôme de manque d'énergie, mais plutôt de blocage d'énergie auquel nous sommes confrontés. Il faut alors nous questionner pour savoir ce qui a bien pu provoquer ce blocage...

Toutes les pénuries, toutes les limitations et les maladies sont en fait des blocages d'énergie. Manquer d'argent aussi en est un, au même titre que se sentir fatigué. Tout ce que nous vivons n'est en fait que le reflet de cette énergie divine qui circule en toutes choses. Lorsque cette énergie ne peut circuler librement, il en résulte différentes difficultés sur le plan de la matière, que ce soit dans notre corps, dans nos relations ou dans le domaine matériel.

Lorsque nous nous familiarisons avec la lumière qui nous habite, lorsque nous permettons à l'énergie divine de circuler librement en nous et autour de nous, nous sommes alors en harmonie avec nous-mêmes, avec les autres et avec les circonstances qui se produisent dans notre existence.

***Pour vivre heureux, il nous faut apprendre
à laisser circuler librement l'énergie divine
dans toutes les sphères de notre vie et à intensifier
la lumière qui est nôtre.***

L'extérieur n'est que le fidèle reflet de ce que nous sommes à l'intérieur et révèle nos croyances. Croyons-nous à la maladie ou à la santé? Avons-nous foi en l'abondance ou en la pénurie? Ce que nous sommes et ce que nous avons en témoigne, que cela nous plaise ou non.

Pour nous exprimer magistralement dans la matière, il nous faut d'abord entrer en contact avec notre Je Suis, nous imprégner de cette certitude que nous sommes nés d'une puissante énergie qui peut tout à tout moment. Lorsque nous sommes en contact avec notre Je Suis, l'extérieur se transforme selon nos désirs. N'est-il pas demandé de nous occuper de notre intérieur avec la promesse que le reste nous sera donné... par surcroît?

Pour entrer en contact avec notre Je Suis, il nous faut nous centrer sur nous-mêmes, dépasser le mental, dépasser les émotions. Il nous faut ÊTRE, tout simplement. Ainsi, dans la pratique de cet état d'être, nous atteignons une oasis de paix, une plage de sérénité, un noyau de calme si profond qu'il est difficile de le transmettre en mots et de l'expliquer. Ce n'est pas un état qui s'explique mais qui se vit, s'expérimente.

Nous pouvons prendre la ferme décision de prolonger ce sentiment de bien-être au quotidien. Ainsi, en expérimentant cet état de calme et de sérénité qui naît de l'intérieur, nous pouvons nous sentir plus indépendants de l'extérieur. Par contre, bien évidemment, le stress de la vie de tous les jours nous fait parfois oublier notre nature divine, notre Je Suis.

Conserver ce sentiment de bien-être et de plénitude demande de l'entraînement, car aussi profond soit-il, il n'est jamais acquis. Forcément, dans le tourbillon de la vie, nous nous laissons distraire par le dehors, par nos habitudes, par le train-train quotidien... et nous en oublions notre véritable identité, celle qui est éternelle.

Nous avons tout pouvoir à l'intérieur de nous-mêmes. Le pouvoir de transformer les choses, d'améliorer notre sort, de transcender la matière. Il n'en tient qu'à nous d'exercer consciemment ce pouvoir et de le mettre en action dans notre vie.

Les moments de paix nous permettent de trouver les réponses à toutes nos questions, les solutions à tous nos problèmes. Les moments d'accalmie et de méditation permettent aussi de calmer, de tranquilliser notre mental et d'installer, ne serait-ce que temporairement, une certaine paix au niveau de nos émotions, ce qui n'est pas peu dire.

Puisque le monde extérieur est le reflet de notre monde intérieur, il n'en tient qu'à nous de développer de plus en plus de joie, de générer de plus en plus de paix dans tous les domaines de notre existence en cultivant ces aspects au jour le jour. N'oublions pas que le monde extérieur s'ajuste au monde intérieur en toutes choses.

Lorsque nous tournons sans cesse dans un tourbillon d'activités qui nous fait croire que nous n'avons pas le temps de nous consacrer quelques minutes pour faire la paix en nous, notre être intérieur ne peut grandir, s'épanouir. Dans ces conditions, nous continuons de vivre à la surface des choses, sans jamais toucher véritablement l'essence même de la Vie.

Il est essentiel que nous nous accordions du temps pour entrer en contact avec cette dimension divine qui nous habite. Et plus nous le faisons, plus nous ressentons le besoin de le faire. Pour ce faire, il n'est pas nécessaire de méditer des heures et des heures chaque jour. Bien au contraire, quelques minutes suffisent à nous centrer sur nous-mêmes et à nous rappeler qui nous sommes vraiment!

*Notre vie entière peut devenir une méditation de tous les instants lorsque nous devenons conscients que chaque geste que nous faisons est significatif et non pas anodin, banal ni dépourvu de sens.*

Si nous vivions nos relations avec plus d'intensité, sans la retenue que nous nous imposons parfois, nous aurions moins de regrets de ne pas voir quelqu'un aussi souvent que nous le souhaiterions. Lorsque nous sommes véritablement présents à l'autre, même si ce moment est bref, il recèle cette capacité de nous satisfaire, car nous nous y consacrons entièrement.

Nous pouvons apprendre à vivre en nous engageant complètement, totalement dans l'instant présent. Si nous étions vraiment présents aux autres, aux événements et à nous-mêmes chaque instant que nous vivons, nous aurions beaucoup moins de regrets et beaucoup plus de satisfaction.

Combien de fois nous sommes-nous dit, au sujet de quelqu'un que nous aimons bien «J'aurais dû lui dire que je l'aime, que je suis bien à ses côtés»? Combien de fois avons-nous songé que nous aurions dû être plus présents aux gens que nous aimons? De trop nombreuses fois, malheureusement. En apprenant à être entiers et à vivre totalement le moment présent, la fréquence et la durée n'ont plus d'importance. Seule compte vraiment l'intensité avec laquelle nous vivons la relation ou les situations qui se présentent à nous.

Notre manque de présence à nous-mêmes nous amène souvent à favoriser la médiocrité, à vivre à demi. La méditation, le contact avec soi nous ramène à notre Je Suis, nous apprend à calmer le mental de même que les émotions, et nous aide à faire surgir cette paix des profondeurs de notre être.

Si nous cherchons des solutions à l'extérieur, celles que nous trouverons – parce que nous en trouverons effectivement – ne seront qu'éphémères. Les vraies solutions sont en nous. Les solutions valables sont à l'intérieur de nous. Et c'est lorsque nous changeons l'intérieur que l'extérieur se modifie en conséquence.

Mais pour ce faire, pour apprendre à trouver les solutions en nous au lieu de les chercher à l'extérieur, il nous faut relever un important défi: apprendre à penser par nous-mêmes et à ne pas chercher l'approbation à l'extérieur auprès de gens qui, de toute façon, n'arrivent généralement pas à s'approuver eux-mêmes.

Notre jugement est aussi important que le jugement des autres. Il l'est même plus car nous savons mieux que quiconque ce qui est bon pour nous. Nous le savons par cette intelligence divine qui nous habite et qui veille en tout temps sur nous.

*Ce que les autres croient n'a pas d'importance*
*et leurs jugements ne devraient jamais*
*nous sembler plus vrais, plus justes ou plus*
*importants que les nôtres.*
*Chacun d'entre nous porte sa vérité en lui-même.*
*Il n'en tient qu'à lui de la découvrir.*

Cette façon de penser et de vivre permet une plus grande autonomie. Ainsi, nous pouvons nous faire confiance et sentir que nous n'avons pas besoin des autres. D'ailleurs, nous devons aller vers les autres par plaisir et non par besoin. C'est de cette façon, et de cette façon seulement, que nous pouvons nous diriger vers des relations saines. Sinon, nous nous accrochons à nos amis et à notre conjoint avec ce sentiment de ne pas être complets.

S'accrocher aux autres est un important symptôme de manque d'estime de soi et est synonyme de souffrance. Il nous faut apprendre à devenir indépendants, – «indépendants», c'est-à-dire dépendants de l'intérieur – afin que l'extérieur ait moins d'emprise et de pouvoir sur nous. Pour ce faire, une seule recette: pratiquer... et pratiquer encore.

Nous avons été conditionnés à vivre à l'extérieur de nous-mêmes et à dépendre des autres. Les liens étaient importants, que ce soit les liens familiaux ou les liens amicaux, à un point tel qu'ils ont pris une importance démesurée. Comme si, sans les autres, nous n'étions rien. Nous avons grandi, pour la plupart, dans un milieu où l'on favorisait la dépendance aux relations, aux biens, à l'extérieur.

Pourtant, ces liens nous briment. Dans la liberté intérieure, nous réalisons que nous n'avons pas besoin d'être attachés, de vivre liés. Dans le Je Suis, nous sommes totalement libres... et totalement unis à toute la Création. Tout le reste est éphémère et n'est que de passage dans notre vie. Si nous voulons cesser de souffrir, il nous faut cesser de tenir à ces attachements qui ne sont que temporaires. Un philosophe disait que chaque rencontre préparait une séparation... et c'est bien vrai. Pour expérimenter véritablement la liberté, il nous faut apprendre à vivre à partir de notre être intérieur, de notre nature divine, de notre Je Suis.

Quoi qu'on en dise, nous n'avons pas besoin des autres. Les autres sont de merveilleux cadeaux de passage. Ils sont des suppléments... mais jamais des compléments. Chaque fois que nous croyons le contraire, c'est qu'il nous faut nous rappeler notre véritable identité... et ça presse!

Chaque fois que nous avons des embêtements, des ennuis avec quelque chose ou quelqu'un, une seule vraie solution se présente à nous: revenir en nous-mêmes, nous recentrer pour que change la situation qui nous déplaît ou nous dérange.

*Ce que les autres pensent de nous*
*les regarde et ne nous concerne pas.*
*Ce que nous pensons des autres nous concerne*
*et ne les regarde pas.*

# CHAPITRE 4

# *Intensifier la lumière en nous*

*Cette extase est sans raison – le fait d'avoir
une raison d'être heureux n'est plus du bonheur;
le bonheur était là, la pensée était incapable
de s'en saisir pour le transformer en souvenir –
il arriva par vagues, chose vivante que rien
ne pouvait contenir, et avec lui, sa bénédiction.
Cela dépassait l'entendement et la volonté.*

*J. Krishnamurti*

*N*os pensées nous appartiennent entièrement et elles nous marquent d'abord avant de marquer les autres. Nous devenons ce que nous pensons. Lorsque nous condamnons un individu, c'est nous que nous condamnons par nos pensées. Lorsque nous nous plaignons, lorsque nous nous critiquons ou critiquons quelqu'un, nous nous sabotons et abaissons sensiblement notre taux vibratoire. Par la seule force de notre pensée, nous pouvons nous mettre dans un état pitoyable.

Le seul moyen d'intensifier cette lumière qui nous habite, c'est de faire grandir l'Amour qui est en nous. Pas l'amour terriblement humain qui naît des émotions et du désir, mais l'Amour inconditionnel et véritable, celui que nous éprouvons pour nous-mêmes d'abord, et pour les autres ensuite.

Nous ne pouvons aimer inconditionnellement les autres si nous n'éprouvons pas cet amour inconditionnel pour nous-mêmes d'abord. Il n'est pas facile de nous aimer inconditionnellement, mais nous pouvons y arriver avec un peu d'entraînement et une grande dose d'indulgence.

Nous faisons tous des erreurs. Il nous arrive tous de nous tromper. Lorsque nous parvenons à comprendre que nous le faisons pour le bien de l'expérience, nous arrivons à nous aimer dans toutes les dimensions de notre être de même qu'à travers toutes les situations que nous vivons.

L'amour inconditionnel, c'est un amour gratuit, sans attente et sans motivation. L'amour inconditionnel, c'est cette façon d'aimer sans attendre en retour, avec détachement. Il est difficile d'aimer de cette façon. Si nous ne cessons de nous critiquer, de nous juger, de nous culpabiliser, l'amour inconditionnel est un leurre. Nous devons développer indulgence et tolérance à notre égard. Ce sont les conditions essentielles pour en arriver à exprimer cet amour pur et sans condition aucune.

Cette façon de voir l'amour et la Vie va à l'encontre de ce qui nous a été enseigné jusqu'à maintenant. Nous avons été éduqués à nous critiquer, à nous juger, à nous maltraiter en pensée, à manquer d'amour et d'indulgence envers nous-mêmes.

Ce constat face à l'éducation reçue n'est pas un reproche adressé aux parents de même qu'aux éducateurs que nous avons eus au cours de notre existence. De toute façon, les gens que nous avons croisés jusqu'à ce jour, nous nous les sommes donnés par le taux vibratoire que nous avons dégagé, alors en ce sens, nous en portons l'entière responsabilité. La balance cosmique est souveraine et n'a jamais fait défaut pour qui que ce soit...

Nous nous sommes donné des parents tout comme nos parents se sont donné l'enfant que nous avons été. Nous avons télécommandé les gens et les événements qui ont joué un rôle dans notre vie.

�֍

*L'existence, c'est du cinéma...*
*mais à une différence près: dans la vie,*
*contrairement au grand écran, nous sommes*
*l'acteur principal mais aussi, le scénariste,*
*le metteur en scène, l'éclairagiste, le costumier,*
*le maquilleur... Nous sommes donc l'artisan de*
*toutes choses.*

✖

Lorsque nous vivons une expérience douloureuse, au moment où nous la vivons, elle est terriblement difficile à traverser. Avec le recul, nous pouvons en rire et parfois même nous demander pourquoi cette expérience nous a tant blessés par le passé. Comme au cinéma. Ce qui rend une expérience joyeuse ou malheureuse, ce sont les émotions auxquelles nous accordons du pouvoir, les émotions auxquelles nous permettons de nous envahir au moment où se joue la scène.

Nous ressentons souvent de la joie ou de la peine face à certains événements, et ce, sans même être véritablement concernés. En fait, nous pouvons choisir de ne pas nous sentir préoccupés par ce qui nous arrive et nous dire, tout simplement «Cela aussi passera...» parce que c'est vrai. Les événements défilent et si nous refusons de nous y attarder, ils ne peuvent générer de longues souffrances.

Lorsque nous cessons d'adhérer émotionnellement à une situation ou à une personne, la souffrance cesse alors d'elle-même. Plus nous alimentons notre monde intérieur par le monde extérieur, plus nous souffrons.

La souffrance trahit une étroitesse du champ de la conscience. Nous souffrons parce que nous refusons une expérience. Dès que nous commençons à agrandir le champ de notre conscience en acceptant ce qui se présente dans notre vie, en disant oui à la Vie sans résistance, nous cessons de souffrir. L'énergie rayonnante de notre Je Suis est tel un soleil qui peut dissoudre tout sentiment de peine, de résistance, d'opposition.

Dire oui ne veut pas dire pour autant démissionner de l'existence. Dire oui, c'est faire confiance à la Vie. La tranquillité, la paix et la sérénité sont le propre de celui qui se sait habité par cette force, qui se sait habité par cette présence divine, par ce Je Suis.

Devant certains événements très difficiles à traverser, nous pouvons choisir de réagir différemment et nous sentir plus détachés qu'auparavant. Lorsque nous nous sentons habités par une dimension spirituelle, nous savons pertinemment bien que tout le reste n'est qu'accessoire.

Cessons de donner de l'importance à ce qui n'en a pas, arrêtons de souffrir pour des motifs extérieurs à nous-mêmes. Notre vraie réalité, c'est notre Je Suis. Et de la conscience de cette réalité naît l'apaisement.

Pour véritablement entrer en contact avec notre Je Suis, il nous faut nous y entraîner. Personne ne songerait à s'inscrire au marathon de Boston sous prétexte d'avoir un jour couru quelques pâtés de maisons! En matière de spiritualité, c'est la même chose. Toute chose maîtrisée a demandé à la base un minimum d'entraînement et de discipline.

*Entrer en contact avec notre Je Suis n'est pas un exercice relié à notre pouvoir de concentration. Il ne faut pas forcer les choses. Pour sentir notre Je Suis, il faut au contraire apprendre à se détendre, à laisser couler les pensées sans chercher à les freiner, sans s'y arrêter... jusqu'à ce que le mental se calme.*

Entrer en contact avec notre être intérieur n'est pas non plus un exercice de volonté, mais plutôt un exercice de détente et d'abandon. Et rien ne sert de forcer pour ce faire.

L'Être infini nous inspire régulièrement, que ce soit par le biais de notre intuition, lors d'une conversation avec quelqu'un ou au moment de la lecture d'un livre particulièrement adapté à la situation que nous vivons. Lorsque nous nous référons à notre Je Suis, les réponses nous viennent naturellement, car nous sommes dès lors guidés vers elles, que celles-ci se trouvent à l'intérieur – sous forme d'intuition, de sentiment, etc. – ou à l'extérieur – sous forme de suggestion d'un ami, de lecture inspirante, de cours appropriés, etc.

Notre réalité personnelle est souvent limitée par nos sens, notre vue, notre ouïe, notre toucher, etc. La vraie réalité est tout autre. Certains éléments nous échappent complètement mais comme nous ne pouvons les identifier clairement avec le concours de nos sens, nous pouvons au moins nous fier à leurs mécanismes et aux résultats qu'ils produisent.

Il est scientifiquement prouvé que l'air entre et ressort de nos poumons et cette vérité, personne ne songerait à la remettre en question. Ce mécanisme est à l'origine même de la Vie et pourtant, nous n'avons jamais vu l'air. Il en est de même du principe électrique. Nous ne voyons ni les neutrons, ni les électrons courir dans les fils, mais nous apercevons la lumière chaque fois que nous tournons un commutateur.

Il en est de même de notre vie. Certains mécanismes ne sont pas visibles, mais nous pouvons leur faire confiance car nous pouvons constater de visu les résultats. Tourner un commutateur est un acte de foi; s'abandonner aux principes divins qui régissent notre vie en est un aussi. Nous faisons quotidiennement des gestes qui font appel à notre confiance. Suivons ce chemin de l'âme et nous en serons récompensés.

La réalité n'est pas ce que nous voyons à l'extérieur. La vraie, la seule, l'ultime réalité est notre Je Suis, notre divinité intérieure sur laquelle nous pouvons nous appuyer, sur laquelle nous pouvons compter en tout temps et en toute circonstance. Le reste est éphémère, accessoire et n'a rien à voir avec la réalité. L'intérieur est constant tandis que l'extérieur est sans cesse mouvant et en constant changement.

Notre pensée est l'outil le plus important qui soit pour nous. C'est grâce à nos pensées que nous fabriquons notre vie, que nous tissons chaque instant, que nous l'améliorons ou l'empirons. Nous avons vu précédemment qu'à l'origine de notre vie existe la pensée qui détermine ce que nous vivrons et ce que nous deviendrons. À nous d'être vigilants et d'entretenir des suggestions positives qui apporteront de fabuleux résultats dans notre existence.

❊

*Notre Je Suis est un magnifique soleil
qui a tous pouvoirs. Lorsque nous éprouvons
de la difficulté dans quelque domaine que ce soit,
nous pouvons nous ressourcer
en nous abandonnant à notre Je Suis,
nous repaître de l'intérieur en nous confiant
à cette force pour laquelle rien n'est impossible,
avec la certitude qu'elle solutionnera
tous nos problèmes.*

❊

Pour recevoir, il nous faut donner. Nous donnons à la terre une semence et elle nous la retourne en abondance. Nous pouvons aussi abandonner à notre Je Suis nos soucis, nos tracas, nos préoccupations, il nous offrira alors des trésors de solutions. La terre nous rend bien ce que nous lui avons offert. Il en est de même de nos pensées.

Lorsque nous décrochons de nos problèmes, que nous abandonnons nos difficultés, que nous lâchons prise sur les défis à surmonter, tout nous est alors donné par surcroît. Au lieu de nous laisser envahir par l'angoisse, nous pouvons nous abandonner à la source de lumière qui réside en chacun de nous, lâcher prise et nous préparer à recevoir ce que la Vie nous réserve de meilleur.

Dans les moments où nous nous sentons dans l'impasse, si nous fixons notre attention sur les choses qui nous semblent négatives, nous les amplifions. Si, par contre, nous les abandonnons à notre être intérieur avec confiance et poursuivons notre route avec sérénité, des événements extraordinaires, inattendus et inusités parsèmeront alors notre route.

*De chaque méditation naît la paix, le calme,*
*la sérénité. S'arrêter quelques instants*
*est un exercice fort simple qui permet de retrouver*
*la confiance en nous et de cesser de chercher*
*l'approbation à l'extérieur.*
*La méditation nous permet aussi d'expérimenter*
*le détachement. Et le détachement,*
*c'est l'un des plus beaux cadeaux*
*que nous puissions nous offrir...*

Si nous sondons constamment l'opinion des gens autour de nous afin de nous faire une image de nous-mêmes, nous obtiendrons une image fidèle à ce que les autres pensent de nous, mais elle ne sera jamais conforme à ce que nous sommes réellement. De toute façon, les gens ont une image extérieure de nous qui est, la plupart du temps, fort loin de notre réalité. Nous ne sommes pas des qualités ou des défauts, nous sommes une force éternelle de puissance nommée Je Suis.

Que pensons-nous de nous-mêmes à cœur de jour? Les fausses croyances nous ont amenés à vivre des résistances intérieures qui ont ensuite dégénéré en blocages d'énergie. Pour faire fondre ces résistances, il faut se référer à notre réalité Je Suis qui est éternellement parfaite et ne changera jamais, car elle est de nature permanente. Cette nature divine ne peut être influencée ni par la température ni par les conditions extérieures. C'est une ressource illimitée à laquelle nous pouvons nous abandonner, à laquelle nous pouvons faire confiance en tout temps, en tout lieu et en toute circonstance.

Parfois, des croyances inconscientes logées en nous créent des résistances. Nous n'avons pas à tenter de les faire fondre par un effort de la volonté. Nous n'avons qu'à demander à notre Je Suis de faire le travail pour nous pendant que nous dormons, car le Je Suis ne connaît ni le sommeil ni le repos. Il œuvre au plus profond de nous en tout temps, et ce, depuis toujours et pour l'éternité.

*Notre Je Suis ne connaît point le repos.*
*Actif à toute heure du jour, nous pouvons,*
*au moment de nous endormir,*
*lui abandonner nos tracas, nos soucis,*
*nos problèmes. Pendant notre sommeil,*
*il trouvera des solutions appropriées*
*qu'il nous donnera à notre réveil.*

Ces solutions nous seront données sous forme d'idées, car le Je Suis se manifeste, entre autres, par notre pensée. Nous ne devons pas faire intervenir la volonté même si on nous enseigne, dans d'autres écoles de pensée, que ceux qui veulent, peuvent, et que nous pouvons parvenir à nos fins grâce à un effort de la volonté. Personnellement, je n'enseigne pas ce genre de motivation, car la réalité est encore plus simple et plus facile.

C'est notre Être intérieur qui possède toutes les solutions. Ainsi, nous devons plutôt permettre à notre Je Suis de prendre les commandes de notre vie en la lui abandonnant. De cette façon, nous cesserons de commettre des erreurs. Au lieu de voir se matérialiser ce que nous désirons par notre volonté humaine, nous verrons plutôt se manifester le plan parfait pour notre vie, car nous lui aurons permis de s'exprimer dans notre existence.

Cette énergie émanant du Je Suis est merveilleuse, douce, paisible, issue des profondeurs de notre être. Notre Être divin n'est jamais troublé par le mental ou par les circonstances extérieures. Il est parfait, éternellement...

Il nous faut entraîner notre mental à être un magnifique serviteur et non un maître. Lorsque nous le surprenons à jaser, à nous en faire voir de toutes les couleurs, il nous faut le faire taire, l'inviter à la boucler. Il ne doit pas être le maître de notre vie. Ne lui laissons pas toute la place. Nous devons l'entraîner à se laisser imprégner, envelopper par l'énergie et la lumière du Je Suis.

Nous pouvons aussi exiger de lui qu'il ne nous ramène plus à nos expériences passées, nous faisant ainsi craindre le pire pour l'avenir. Nous pouvons, si nous le voulons, nous installer dans un éternel présent. Bouddha disait: «Si vous voulez connaître le passé, regardez votre présent. Si vous voulez connaître l'avenir, regardez votre présent, mais souvenez-vous qu'il est éternel, que le présent est infini.»

Nous pouvons vivre dans le présent en permanence, car il n'y a que lui qui compte et qui existe véritablement. Le passé et le futur ne sont que des illusions entretenues par le mental. Nous n'avons jamais été mieux que nous le sommes présentement et il en sera toujours ainsi. Ne nous inquiétons pas inutilement pour demain.

Développons ce que nous avons de plus important, développons notre être à l'infini et ne craignons pas ce que l'existence nous réserve. Nous n'avons rien à craindre, car la Vie va toujours en s'améliorant et nous n'avons jamais été mieux que nous le sommes présentement.

Par le passé, avions-nous les connaissances que nous avons? Le vécu que nous avons? Non, sûrement pas. Ces éléments doivent maintenant servir si nous ne voulons plus répéter les mêmes expériences passées qui nous ont tant fait souffrir hier. Puisque nous cessons de les répéter lorsque l'expérience est apprise, tirons dès à présent la leçon cachée dans chaque expérience.

Toute expérience est correcte en soi. Il n'y en a ni de bonnes ni de mauvaises. Chacune d'entre elles est juste et parfaite. Parfaite pour nous apprendre ce que nous devons apprendre. Parfaite pour nous aider à tirer une importante leçon de vie. Il n'en tient qu'à nous de les identifier et de les assimiler...

CHAPITRE 5

# La pratique
# de la méditation

*Pour moi, la foi n'est pas*
*une croyance intellectuelle,*
*mais une fonction de l'âme.*

*Sri Aurobindo*

*J*e n'insisterai jamais trop sur l'importance de la méditation, car c'est ce qui nous permet d'entrer en contact avec notre centre, avec notre Je Suis. Au chapitre précédent, nous avons abordé l'importance du contact avec le Je Suis, l'importance de la méditation. Pour ce faire, il faut s'entraîner. Voici la technique que j'utilise et que je vous recommande fortement.

Dans un premier temps, il faut s'asseoir bien droit afin de favoriser une bonne circulation de l'énergie. Les deux pieds doivent être placés bien à plat au sol et les jambes décroisées. Les mains peuvent être tournées vers les cuisses ou le plafond, selon votre désir. Il est important de ne pas obstruer le chakra de la gorge, alors pour ce faire, il est préférable de garder la tête bien droite, autant que faire se peut.

Durant la méditation, il est recommandé de respirer par le nez, sauf si vous éprouvez des problèmes de sinus. Il faut respirer en comptant mentalement jusqu'à trois, retenir la respiration en comptant jusqu'à trois et laisser aller le souffle en comptant jusqu'à six.

Le temps de l'expiration doit être deux fois plus long que le temps de l'inspiration. Si vous comptez jusqu'à quatre à l'inspiration, vous devez compter jusqu'à huit au moment d'expirer. Répéter le tout à trois reprises.

Au niveau du plexus solaire, juste au-dessus du nombril, visualisez un magnifique soleil qui surgit du centre de votre cœur. Voyez un magnifique soleil d'un beau blanc doré afin de prendre conscience de toute cette belle lumière qui vous habite.

Visualisez l'intérieur de votre corps baignant de lumière. Que cette lumière enveloppe votre mental, vos émotions, vos sentiments, vos pensées. Que cette lumière bienfaisante enveloppe aussi l'intérieur et l'extérieur de votre corps.

Visualisez l'énergie divine circulant librement dans toutes les sphères de votre vie. Puis, que cette magnifique lumière vous drape extérieurement, comme un beau manteau rayonnant. Drapez-vous entièrement de lumière.

Revoyez le soleil au niveau de votre plexus solaire et dirigez les rayons lumineux de manière à envelopper la personne que vous aimez le plus tendrement. Enveloppez cette personne de lumière. Puis, en pensée, poursuivez cet enveloppement auprès des membres de votre famille – parents, enfants, petits-enfants –, amis et compagnons de travail. Enveloppez-les tous de cette lumière divine.

Nous pouvons recouvrir les gens que nous aimons d'une mante de lumière, les inviter à se joindre à nous dans ce merveilleux manteau lumineux. Par la pratique de cette méditation, nous élargissons notre champ de conscience et constatons, à un moment donné, que les autres et nous-mêmes ne sommes pas séparés. Nous sommes unis dans l'amour. Nous sommes Un dans l'infini.

*Enveloppez de lumière les gens que vous aimez*
*mais aussi, votre travail, vos obligations*
*financières et vos biens.*
*Vous pouvez envelopper de lumière chaque*
*domaine de votre vie afin qu'il connaisse*
*la prospérité et la sécurité.*

Abandonnez-vous à la source de lumière qui vit en vous, qui jaillit de vous. Abandonnez-vous à cette force de l'Univers, lâchez prise avec confiance, sachant pertinemment bien que l'Être infini qui vous habite vous veut combler. Lâchez prise et préparez-vous à recevoir... encore plus que ce que vous aviez espéré.

Puis, lorsque vous vous sentez prêt (la séance de méditation doit durer de 20 à 30 minutes), reprenez lentement conscience de ce qui vous entoure et revenez à vous-mêmes. Maintenant, tentez de maintenir le sentiment de paix, essayez de prolonger la sensation de bien-être qui vous habite. Sans forcer. Seulement avec confiance et abandon.

# CHAPITRE 6

# La santé: le parfait reflet de notre état de conscience

*La souffrance est un correctif qui met en lumière*
*la leçon que nous n'aurions pas comprise*
*par d'autres moyens et elle ne peut jamais être éliminée,*
*tant que cette leçon n'a pas été apprise.*

*Docteur Edward Bach*

*J*'ai travaillé seize ans en milieu hospitalier. Par la suite, j'ai suivi des formations qui m'ont apporté des connaissances en psychosomatique et en métaphysique. Je sais maintenant que nous pouvons expliquer tout manque, toute déficience, toute maladie par la pensée qui fut entretenue auparavant.

En effet, nos pensées conditionnent notre santé et déterminent l'état d'être dans lequel nous sommes. Notre vraie identité n'est pas ce que nous voyons, notre corps, etc., mais cet aspect plus subtil de l'existence, notre Je Suis qui est d'essence spirituelle.

Notre état normal, c'est la santé. Le noyau, le centre de gravité permanent, la divinité intérieure, le Je Suis est parfait. Il ne peut être malade, pauvre, dysharmonieux. Il est parfait depuis toujours et pour l'éternité. À nous de le reconnaître et de lui permettre de s'exprimer.

*Dès que nous prenons conscience que nous ne sommes pas que notre corps mais beaucoup plus que cela, nous sommes en contact avec notre véritable identité, avec notre véritable puissance intérieure.*

Les quatre corps qui nous composent – physique, mental, émotionnel et spirituel – sont tous aussi importants les uns que les autres. Ces quatre corps sont interreliés en permanence. Par exemple, lorsque nous ressentons une émotion, celle-ci n'est pas arrivée par hasard en nous. Elle a été alimentée par le mental qui, lui, est profondément influencé par les sens, donc par le corps physique. À l'inverse, le physique se transforme au rythme des pensées entretenues par le mental. Ainsi donc, les différentes facettes de notre personne sont indissociables.

Le mental, qui est tourné vers le passé, fait toujours référence aux expériences vécues et les amplifie. Le mental n'est que rarement ancré dans le moment présent, dans l'instant qui passe. Le mental nous projette toujours dans un avenir incertain et nous fait voir le passé comme rempli d'échecs. De là la crainte de l'avenir. Il nous faut devenir conscients de la façon dont il fonctionne afin qu'il ait moins d'emprise sur nous, afin que nous puissions mieux le contrôler. Nous sommes remplis de fausses croyances dont il nous faut nous débarrasser afin de cesser d'être victimes de notre propre ignorance.

Lorsque nous abordons la question des malaises et des maladies, nous faisons spontanément référence à l'hérédité, au code génétique qui nous a été donné à la naissance. Forcément, si nous nous sommes donné un certain type de parents, nous sommes effectivement plus susceptibles d'être porteurs de leurs maladies. Ce n'est pas tant les maladies qui sont héréditaires, mais bien la pensée qui les crée. Notre code génétique est soumis à notre pensée, qui l'influence et le transforme.

Nous naissons à nos parents et non de nos parents. Il est bien dit, dans la vie de Jésus, qu'il naquit à Marie et à Joseph et non pas qu'il naquit de Marie et de Joseph. Si nous naissons à nos parents, nous n'avons aucune raison d'épouser leurs maladies. Le code génétique existe bien sûr, nous ne pouvons le nier, mais nous pouvons le changer, le modifier par un élargissement substantiel de la conscience, en le soumettant à notre Je Suis.

Dans cet ordre de pensée, André Malraux a déjà dit: «Je suis né pour répondre à un besoin que j'avais de moi-même.» Et c'est vrai. Nous sommes nés parce que nous avions le désir de nous incarner sur le plan terrestre. Au moment de prendre corps, nous nous sommes donné, par un taux vibratoire correspondant au défi à relever que nous nous étions donné, des parents et un contexte précis pour nous permettre d'expérimenter ce que nous avons choisi de vivre pour cette incarnation. Nos parents étaient, au moment de notre naissance, des personnes idéales afin de nous aider à relever les défis que nous avions choisi de relever, car ils avaient un taux vibratoire semblable au nôtre.

Nous sommes responsables de notre vie à part entière en permanence, et ce, depuis toujours et non pas uniquement une fois que nous avons atteint l'adolescence. Dans le sein de notre mère, nous étions déjà un individu responsable, car nous nous étions donné cette mère, tout comme nous nous sommes donné le père que nous avons eu. De la même façon, nos parents se sont donné l'enfant que nous étions.

La conscience est un champ de lumière que nous devons agrandir pour connaître la paix dans notre vie. La souffrance n'est que de l'ignorance, que le rétrécissement du champ de la conscience. Nous souffrons parce que notre compréhension lumineuse est diminuée. Tout sur cette terre et dans l'Univers est lumière, même notre corps qui est en fait de la lumière coagulée.

*Notre état normal est la santé.*
*Par contre, notre manque de compréhension,*
*notre interprétation erronée de la santé,*
*la méconnaissance de notre puissance,*
*nous fait croire le contraire.*

Il nous arrive même de trouver normal d'être malade. Combien de fois avons-nous répété que la maladie était inévitable et que, de toute façon, il nous fallait bien mourir un jour? Nous nous exprimons souvent comme si la maladie était normale...

Pourtant, qu'est-ce que Jésus est venu nous enseigner sur terre? Est-ce la maladie et la mort? Absolument pas! Il a plutôt prôné et prouvé, par ses actes et par sa vie, le contraire. Il a démontré que nous pouvions même transcender la mort. Et il a dit que nous pouvions faire tout ce qu'il faisait... et même plus!

Qu'avons-nous retenu de son message? Lui qui avait guéri des centaines de personnes, qui avait ressuscité des morts, qui avait nourri des multitudes de personnes, il nous a enseigné les plus belles et les plus grandes leçons de vie. Jésus n'est pas venu nous enseigner la maladie et la mort. Il est venu sur terre nous apprendre que la mort n'existe pas. Rappelons-nous ces mots prononcés par le Christ: «Débâtissez ce temple et dans trois jours, je le rebâtirai.»

Le Christ est venu pour nous enseigner que nous sommes habités, au même titre que lui, par une divinité intérieure. Il s'est incarné pour nous aider à comprendre que le temps n'est qu'illusion et que la mort l'est tout autant. Nous devons développer notre conscience au maximum et cesser de vivre à l'état animal en ne nous souciant pas de notre vie spirituelle.

Il nous faut sortir de l'hypnose collective, du sommeil de la conscience, du sommeil des facultés, du sommeil des habitudes afin de nous constituer un centre de gravité sur lequel nous aurons toujours des références, sur lequel nous pourrons toujours nous appuyer. Nous pouvons toujours, et en toute circonstance, compter sur notre Je Suis qui est notre divinité intérieure. Nous pouvons toujours nous y référer, lui laisser la première place afin qu'il prenne les commandes de notre vie.

Nous pouvons ainsi commencer notre journée en demandant à notre divinité de nous guider, mais pour ce faire, nous devons lui laisser la place nécessaire afin qu'elle puisse s'exprimer. Nous permettons rarement à notre Je Suis de prendre toute la place. Pourtant, cette façon de faire nous permet de nous dépasser sur le plan humain afin de nous rendre divins. Notre vraie identité, c'est notre Je Suis auquel nous pouvons céder la place pour lui permettre de grandir. Nous pouvons, pour ce faire, y songer, nous rappeler notre lumière, tout simplement.

Un jour, on a demandé à Henry Ford comment il était devenu si riche. Il a répondu tout simplement: «En y pensant toujours.» Dans cet ordre d'idées, comment allons-nous devenir un être divin? En y pensant toujours. Combien d'heures ou de minutes chaque jour consacrons-nous à penser à notre divinité? Peu de temps. La plupart d'entre nous pourraient dire qu'ils pensent à leur noyau divin quelques secondes par jour, tout au plus... Pourtant, il est essentiel de s'entraîner à développer notre Je Suis. Et Dieu sait que cette pratique donne rapidement des résultats!

Lorsque nous avons besoin d'aide, et ce, dans quelque domaine que ce soit, ou quelles que soient les circonstances, nous n'avons qu'à nous référer à notre divinité intérieure. Nous n'avons pas à trouver des solutions à l'extérieur de nous-mêmes ou à compter sur les autres pour nous aider.

❋

*N'est-ce pas merveilleux de songer*
*que nous portons en nous toutes les réponses,*
*toutes les solutions, toutes les guérisons?*
*Nous sommes des êtres de lumière*
*sans limites, et pour lesquels tout est possible.*

❋

Dans la matière, dans la forme, nous sommes tous différents les uns des autres, mais dans notre être profond, nous sommes identiques, nous formons un tout, nous sommes Un. Nous sommes interreliés en permanence depuis le début des temps et pour l'éternité. Nous sommes tous reliés à notre Je Suis, reliés au tout, en contact avec l'Univers tout entier. Lorsque nous savons, ressentons, comprenons et acceptons cette vérité, nous n'avons plus besoin des autres. Nous sommes ces autres à l'intérieur de nous.

Tant et aussi longtemps que nous irons vers les autres par besoin, nous souffrirons. Il est toujours pénible d'être en orbite autour des autres par besoin d'être aimés, par désir d'être comblés. Ce comportement trahit un mal de vivre qui ne peut se résoudre, se guérir que par l'exercice et l'expérience d'une vie spirituelle active.

Lorsque nous comprenons l'essence de notre véritable nature, nous sommes comblés de l'intérieur et nous pouvons alors continuer à aller vers les autres par pur plaisir, mais non pas par besoin. Entre le besoin et le désir existe une fort grande différence, deux mondes extrêmes même. Il est très agréable d'aller vers les autres afin de partager de beaux instants avec eux, mais il faut savoir se ramener à soi-même, décrocher et ne pas dépendre d'eux.

Notre nature humaine nous rend fragiles à différentes dépendances. Nous pouvons dépendre des gens qui nous entourent, mais aussi de l'alcool, des drogues, des médicaments, etc. Les pilules sont des béquilles fort courantes dans notre société. De merveilleuses béquilles parfois... mais des béquilles quand même.

Les médecines traditionnelles de même que les médecines douces existent parce que les individus n'ont pas encore reconnu leur pouvoir de créer des maladies, mais aussi de se guérir eux-mêmes. Tous les supports qui servent à soulager la souffrance humaine sont des instruments utiles, nécessaires et merveilleux pour les personnes qui n'ont pas encore compris qu'elles sont entièrement responsables à la fois de leurs maladies et de leurs guérisons.

En ce XX$^e$ siècle, nous faisons souvent état, et avec tapage, des soi-disant progrès de la médecine. Foutaises! Si la médecine effectuait véritablement des progrès tels qu'on veut nous le faire croire, les hôpitaux seraient vides, car les gens cesseraient d'être malades. Pourtant, il n'y a jamais eu autant de malades qu'actuellement. Les hôpitaux sont débordés et on y refuse régulièrement des gens sous prétexte que toutes les places sont occupées. De plus, dans différents domaines existent d'impressionnantes listes d'attente. Peut-on qualifier cela de progrès?

Tous ceux qui n'ont pas développé leur divinité intérieure ne savent plus à quoi s'accrocher. Ceux qui ne sont pas encore entrés en contact avec leur Je Suis ou qui l'ont ignoré se découragent. Certains d'entre eux se suicident, d'autres meurent de maladies incurables. Pourtant, toutes ces souffrances sont vaines.

*Le corps n'est que le véhicule de la pensée profonde. Nous devons nous réclamer de notre divinité, de notre soleil intérieur qui baigne toutes nos cellules de lumière et qui irradie chacun des domaines de notre vie.*

Par notre Je Suis, nous sommes lumière. Nous pouvons envoyer des rayons lumineux à une personne choisie afin d'illuminer sa vie. Si cette dernière est réceptive, elle peut même sentir à quel moment précis nous les lui envoyons.

Si la santé est reconnue comme un état de conscience, bien des gens se questionnent quand même au sujet des virus. Certains se demandent pourquoi des individus sont atteints, alors que d'autres ne le sont pas. En fait, le principe demeure le même: les virus entrent en ceux qui se sont préparés à les recevoir par les pensées qu'ils ont entretenues.

Par exemple, ceux et celles qui répètent à cœur de jour qu'ils ont entendu dire qu'un virus courait, se préparent nécessairement à le recevoir, l'appellent, l'interpellent d'une certaine façon et développent un terrain propice à sa venue. Ces personnes deviennent alors des victimes cibles parfaites pour recevoir la maladie, car elles se sont préalablement codées en conséquence. N'oublions pas que ce sont nos pensées qui créent notre réalité.

> *Il nous faut être conscients de nos pensées et de nos paroles, car c'est la matière première qui crée notre vie. Il faut cesser de vivre comme si nous étions des êtres inconscients qui se disent, sans trop comprendre pourquoi, «victimes» de la Vie.*

Réveillons-nous, c'est urgent! Les choses n'arrivent pas bêtement «par hasard». Nous sommes des êtres de lumière et nous devons vivre comme tels. Lorsque nous ronflons et dormons à cœur de jour, c'est-à-dire lorsque nous vivons comme des êtres inconscients, il n'est guère étonnant que nous nous sentions victimes de la Vie.

Le virus n'est que le prétexte, le terrain est tout. Nous ne verrons jamais la maladie apparaître chez quelqu'un qui est irréductiblement joyeux. Nous constatons plutôt que la maladie a tendance à s'infiltrer chez des gens qui sont tristes... à mourir.

Dans la Bible, il existe un fort beau chapitre appelé «Les lamentations de Jérémie». Du début à la fin, Jérémie se lamente sur son sort. Nous sommes parfois comme cet homme dans notre propre vie. Nos lamentations trahissent notre refus de vivre puis, à force de programmer ces pensées, à force de cultiver cet état d'esprit, le corps finit par obéir et par répondre en conséquence. C'est ainsi que nous choisissons la maladie, que nous l'appelons à nous.

Lorsque nous critiquons, nous exprimons une façon de démissionner de la Vie. Si nous effectuons un travail sur la conscience, nous comprenons que nous ne devons plus nous lamenter vainement. Nous apprenons à accepter les choses telles qu'elles se présentent et quelles qu'elles soient. Nous pouvons aussi nous exercer à tourner notre regard vers les belles choses qui se réalisent chaque jour de notre vie.

Nous sommes, par définition, une merveille. Rien de moins. Attardons-nous au merveilleux qui surgit chaque instant dans notre existence: les rencontres, les bonnes nouvelles, les beautés qui nous font apprécier la Vie. Apprécions, reconnaissons ce que nous sommes. Nous ne sommes pas que poussière qui retournera éventuellement à l'état de poussière. Nous sommes divins, merveilleusement divins!

Lorsque nous ne sommes pas vigilants face à nos pensées, nous nous laissons entraîner dans cette hypnose collective qui nous fait croire qu'il est normal d'être malade. La maladie n'est pas une réalité, mais bien le résultat d'une pensée erronée. La santé est notre réalité. Notre seule et unique réalité. À nous de le reconnaître.

# CHAPITRE 7

# Rien n'est impossible pour notre Je Suis

*Commence par faire la conquête de toi-même si tu veux conquérir le monde.*

*Docteur Victor Pauchet*

*P*uisque notre état naturel est la santé, puisque nous sommes divins, puisque nous sommes les créateurs de notre vie, aucune maladie, quelle qu'elle soit, n'est incurable. Rien n'est impossible pour notre Je Suis, et ce, à quelque niveau que ce soit.

*Il n'existe pas de maladie incurable. Il n'y a que des gens incurables parce qu'ils demeurent aveugles face à leur pouvoir de guérison et refusent de s'en remettre à cette force divine qui a tout pouvoir et qui peut tout transcender, même la maladie.*

La science médicale est tournée vers la matière et ne croit que ce qui est visible et concret. Évidemment, cette façon d'exercer la profession médicale limite les médecins à ce qu'ils peuvent prouver formellement. Comme ils ne peuvent prouver la guérison d'une personne qui s'en est remise à son être infini, ils réfutent ce type de transformation radicale. Comme ce type de guérison ne peut être prouvé d'un point de vue scientifique, il n'est pas accepté.

Frederic Bailes, aujourd'hui décédé, était un médecin formé par la médecine traditionnelle. Atteint de diabète, maladie dite incurable, il s'injectait quotidiennement de l'insuline. En dépit des médicaments qu'il s'administrait et des soins qu'il recevait, son corps se détériorait rapidement. Mais il ne voulait pas mourir.

À un moment donné, Frederic Bailes a compris qu'il avait un centre et que ce centre était parfait. Il saisit enfin qu'il ne vivait qu'en périphérie de son être, qu'à la surface des choses. Il réalisa qu'il n'avait jamais vécu en son centre, jamais vécu en fonction du noyau divin en lui, en tenant compte de cette perfection qui l'habitait. Lorsqu'il expérimenta le Je Suis en lui, lorsqu'il découvrit que Dieu l'habitait, sa vie changea complètement.

On lui avait jusqu'alors enseigné que la maladie venait du dehors mais intuitivement, il venait de réaliser que la maladie venait du dedans. Le mouvement de la Vie va toujours de l'invisible au visible. Par la formation médicale qu'il avait reçue, il avait cru à l'hérédité. En s'en remettant à son centre, il comprit qu'il avait le pouvoir de renverser le processus et de changer les choses. Il comprit que s'il s'était donné cette maladie par ignorance, il avait aussi le pouvoir de la chasser de son existence. Il fut convaincu qu'il pouvait guérir son corps en élargissant le champ de sa conscience, et c'est à cela qu'il travailla.

Cet homme, malgré ses croyances médicales, dut réviser ses jugements et ses certitudes, car il avait un urgent désir de guérir. Il a commencé par se centrer, par s'installer dans son noyau d'être et s'est imprégné de cette sensation du Je Suis qui l'habitait. Par le biais de techniques de méditation et de visualisation, il investissait chacune de ses cellules de lumière divine. Il voyait son corps se reconstruire, se régénérer, guérir et récupérer ses énergies. Et c'est ce qui se produisit.

Frederic Bailes a compris que la maladie est en fait un blocage d'énergie. Dès qu'il y a malaise physique, l'énergie divine ne circule plus librement. Par la visualisation, il imaginait une énergie lumineuse de couleur dorée et parfois, de couleur mauve, circuler librement dans son corps. De jour en jour, il reprenait des forces, et sa santé allait en s'améliorant.

Il continua de s'injecter de l'insuline trois fois par jour. Il n'abandonna pas ses béquilles tout de suite pour autant, bien au contraire! Il a d'abord solidifié sa santé puis, lentement, progressivement, il a commencé à réduire les doses d'insuline qu'il avait l'habitude de prendre.

Cet homme, condamné par la médecine jadis, a finalement repris son travail, radieux et débordant de santé. Puis, à la suite de cette expérience concluante, il a décidé de donner des conférences à des hommes d'affaires, car il avait compris que cette méthode, qui permet de guérir le corps, permet aussi de guérir les affaires. Il s'agit, en fait, du même processus de création.

Ayant abandonné la médecine traditionnelle pour donner des conférences, il insistait sur l'importance du Je Suis, qui permet de surmonter ce qui peut sembler insurmontable à prime abord. La technique qu'il enseignait pouvait être utilisée dans tous les domaines de la Vie. Il était apte à en parler, l'ayant lui-même éprouvée pour guérir son corps.

Le journaliste américain Norman Cousins a été la première personne connue à se guérir en utilisant la thérapie par le rire. Condamné à mort parce qu'il était atteint d'une maladie arthritique et rhumatismale qui affectait les tissus conjonctifs, il consulta un spécialiste en la matière qui confirma le pronostic: il n'avait qu'une chance sur cinq cents de guérir. Norman Cousins choisit de tenter sa chance...

Traité en milieu hospitalier, il opta pour un médecin en lequel il avait confiance. Il reçut les médicaments et les traitements d'usage, mais il observa la tristesse qui l'entourait: les uniformes blancs, les visages découragés des malades autour de lui, etc. Il prit conscience qu'il n'arriverait jamais à guérir dans un contexte semblable et décida de se dérider un peu...

Chaque jour, il visionna des films drôles lui procurant un effet anesthésiant qui durait environ deux heures, et ce, sans médicament. En dépit du fait qu'il reprenait du poil de la bête en regardant ces films, les infirmières venaient régulièrement lui demander de rire moins fort car, semblait-il, il dérangeait les gens autour de lui...

Comme il était hospitalisé aux États-Unis et qu'il n'avait pas recours à une assurance-maladie pour couvrir les frais encourus pas son séjour, son hopitalisation lui coûtait fort cher. Il proposa alors à son médecin de venir le traiter à l'hôtel, ce qui lui serait moins coûteux.

En moins de deux ans, cet homme condamné à mort reprit ses fonctions en tant que journaliste. Bien portant, il put reprendre toutes ses activités et se permit même de pratiquer différents sports auxquels il avait dû renoncer longtemps auparavant à cause de son mauvais état de santé.

Norman Cousins a enseigné durant de nombreuses années à la faculté de médecine même s'il n'avait jamais été reçu médecin. Il enseignait l'espoir et suggérait aux gens de ne pas croire les pronostics de mort prononcés par les médecins. Cet homme s'est guéri par le rire et depuis ce jour, il ne garde plus contact avec les gens négatifs.

*Lorsque nous nous aimons et que nous nous respectons profondément, nous ne permettons plus aux gens de nous raconter leurs malheurs, leurs ennuis, leurs problèmes. Nous n'acceptons plus de prêter l'oreille à ceux qui s'apitoient sur leur sort de manière irresponsable.*

Certains peuvent nous faire part de leurs ennuis, mais pour voir clair et non pas pour se décharger, se lamenter et se faire plaindre. Lorsque nous écoutons les gens négatifs, nous sommes nous aussi forcément imprégnés de cette négativité.

80

Il est important de demander aux gens négatifs, même si ce sont des personnes que nous aimons profondément, de ne plus nous envahir avec leurs problèmes. Nous n'avons pas d'énergie à gaspiller à écouter des gens se lamenter. Nous pouvons entretenir une certaine compassion pour ceux qui souffrent, sans pour autant devenir les complices de ceux qui se sentent constamment injustement traités par la Vie. N'oublions pas qu'ils sont responsables de leur existence, tout comme nous le sommes de la nôtre.

Nous avons besoin de toute notre force intérieure, nous ne pouvons nous permettre de dissiper notre énergie à écouter les vaines lamentations des autres. De toute façon, nous ne pouvons véritablement faire quelque chose pour les autres, sauf leur offrir notre support et notre lumière. C'est à la personne qui souffre de se prendre en main, de changer les choses, d'effectuer les démarches nécessaires pour modifier la situation.

Certains vous diront qu'il est impossible de renoncer à écouter des gens près de nous, que ce soit nos parents ou nos amis par exemple, sous prétexte que nous leur ferons de la peine. Dans ces moments, il faut nous demander si nous préférons faire de la peine à nous-mêmes afin de préserver les autres... Pourquoi nous ferions-nous vivre pareil châtiment?

### *Ce que nous n'osons dire avec des mots, notre corps le dira éventuellement avec des maux.*

Les organes finissent toujours par pleurer les larmes que nous refusons de verser. Si nous ressentons de la peine et la refoulons, nous causons alors de sérieux dommages à notre organisme. Pleurer, c'est un déversement sain qui nous permet, en étant près de nos émotions, de préserver notre santé.

***Les larmes, tout comme le rire,
sont indispensables à notre équilibre physique,
mental et spirituel.
Elles sont de merveilleuses soupapes.***

Le docteur Christian Tal Schaller enseigne différentes techniques qui font appel au rire et donne des séminaires sur la question. Sa vie n'est pas devenue pour autant une éternelle fête, bien au contraire! Il avoue qu'il lui arrive d'avoir besoin de pleurer et prétend même verser des larmes deux à trois heures par semaine sur une base régulière!

Bien sûr, nous ne sommes pas obligés de consacrer un dimanche entier à verser des larmes. En revanche, nous pouvons, au fur et à mesure, vivre notre peine lorsque nous nous sentons tristes, exprimer notre frustration lorsque nous nous sentons frustrés. Nous devons parvenir à exprimer nos sentiments, à verser des larmes lorsque le besoin se fait sentir.

Le corps est profondément intelligent. Il reflète notre état d'âme, nos pensées, notre état d'esprit. Si nous refoulons nos sentiments, notre corps les exprimera éventuellement à sa manière en développant une maladie quelconque.

Françoise Dolto a beaucoup insisté sur l'importance de dire la vérité. Dire la vérité aux autres, mais aussi à soi-même. Par exemple, lorsqu'une relation amoureuse est terminée, il est nécessaire de voir la vérité en face, de l'admettre et de le dire. De toute façon, la personne engagée avec nous dans cette relation le sait même si aucune parole n'est échangée à ce sujet. Alors, pourquoi poursuivre la relation qui nous rend malheureux? Sous quel prétexte?

Cessons de vouloir faire du neuf avec du vieux, cessons de tenter de sauver les meubles de peur de ne plus jamais aimer ou être aimé. N'hésitons pas à mettre fin à une relation qui agonise. Cessons de nous mentir. Si nous n'aimons plus la personne qui partage notre vie, quittons-la. Lorsque nous poursuivons une relation sans amour, nous nous détruisons en ne respectant pas nos sentiments profonds.

Certains couples qui n'osent se quitter à cause de vieux schèmes de pensée religieux vivent ensemble envers et contre tout jusqu'à se rendre très très malades physiquement. Ils évitent alors la séparation ou le divorce non pas par amour, mais parce qu'ils ont foi en des croyances erronées. Ces couples se chicanent bien souvent jusqu'à la mort!

Nous devons faire les choses non pas par devoir mais par plaisir. Tant et aussi longtemps que nous sommes bien avec une personne, poursuivons la relation. Tant et aussi longtemps que nous sommes satisfaits d'une situation, demeurons-y. Mais lorsque le cas contraire se présente, n'hésitons pas à changer les choses, car sinon, le prix à payer sera terriblement élevé. En effet, le corps traduira nos insatisfactions par une maladie, passagère ou chronique selon le cas.

L'histoire véridique du docteur Bethume, un médecin torontois qui s'est rendu en Chine afin d'aider la population alors en guerre contre le Japon, illustre bien la somatisation de nos émotions. Tout au long du film qui relate sa vie, on fait mention d'une peur qui obsédait profondément le chirurgien: il craignait de contaminer ses instruments et de répandre ainsi microbes et bactéries. C'était chez lui une véritable hantise.

Un jour, en effectuant une opération, le docteur Bethume s'est malencontreusement donné un coup de bistouri sur le doigt. Comme ce dernier était contaminé, le docteur fut lui aussi contaminé... et il en mourut, malgré les opérations et les divers traitements. De quoi ce médecin est-il mort véritablement? Il n'est pas décédé des suites d'une contamination, mais bien des effets de sa propre peur.

Bien sûr, consciemment, personne ne souhaite développer un cancer ou contracter une maladie dangereuse. Par contre, en examinant notre façon de penser de même que nos paroles, nous réalisons que notre langage est directement constitutif de nos conditions de vie. Nos expressions sont révélatrices et souvent, nous programmons des maux et des souffrances... à notre insu.

Pourtant, la grande vérité, la vérité ultime, c'est que nous naissons tous libres et que nous sommes tous fondamentalement affranchis de l'espace et du temps.

*Chacun de nous tient son destin entre ses mains.*
*À nous de confronter dès à présent*
*les défis que nous nous sommes imposés*
*pour notre évolution, car les problèmes*
*non résolus dans cette vie devront assurément*
*l'être dans une autre.*

Certaines personnes se suicident, croyant ainsi échapper à leurs ennuis. Cette échappatoire n'est qu'illusoire. Nous pouvons nous suicider de plusieurs manières, que ce soit en nous passant une corde au cou, en nous tirant une balle dans la tête, en prenant une surdose de médicaments, en nous donnant une maladie grave ou en provoquant, à un niveau inconscient, un grave accident qui sera finalement mortel.

Ne nous méprenons pas sur le sens des événements qui se bousculent dans notre vie: se donner une maladie mortelle, c'est se suicider à petit feu! Nous choisissons les événements qui se produisent dans notre vie, nous les appelons à nous.

Nous ne pouvons blâmer Dieu ou nos parents pour nos malheurs ou nos maladies, car nous sommes en tout temps responsables de notre vie. Nous l'étions avant même de nous incarner, tout comme nous le serons encore et toujours après notre mort physique.

Avant cette existence, nous avons choisi les circonstances dans lesquelles nous sommes nés de même que le lieu. Nous nous sommes aussi donné les défis qui devaient le mieux assurer notre développement. La force de notre pensée est telle que c'est un type de pensées entretenues qui précède toujours notre réalité physique.

*Si nous nous sommes donné nos parents,
nous nous donnons de la même manière,
tout au long de notre existence,
nos conjoints, nos amis, nos compagnons de travail
et tous ceux que nous rencontrons.*

Nous écrivons constamment le scénario de notre vie et pour jouer notre pièce, nous faisons appel à d'autres acteurs. Ce sont les gens que nous côtoyons. Avant même de nous incarner, nous avons contacté nos parents, nos conjoints, etc., sur le plan de l'âme, et avons décidé ensemble que nous allions relever ce défi.

Lorsque nous acceptons cette vérité, nous ne pouvons plus en vouloir à qui que ce soit. Nous ne pouvons tenir les autres responsables de nos blessures, de nos souffrances, des rejets que nous avons subis. En fait, nous avons nous-mêmes choisi tous ces événements dans le but de parfaire notre évolution spirituelle.

Nous devons assumer la responsabilité de notre vie et jeter un regard nouveau sur les gens et les événements qui nous ont fait souffrir. En fait, nous pouvons admettre que nous avons choisi les événements qui ont tissé la trame de notre existence et que nous avons nous-mêmes distribué les rôles dans la pièce de théâtre dont nous avons écrit le scénario.

Sur le plan de l'âme, nous pouvons nous éviter bien des expériences douloureuses – y compris la maladie – en prenant du temps pour nous. Pour ce faire, nous n'avons pas à faire appel à la volonté, mais simplement à plonger dans les profondeurs de notre être, à entrer en contact avec notre âme, à demander à notre Je Suis de nous aider à exprimer le plan parfait de notre vie.

Dans le domaine de l'invisible, une équipe des plus efficaces nous soutient en permanence sur le plan spirituel. Que nous les appelions les guides, les anges, les archanges ou de quelque manière que ce soit, ces entités veillent sur nous et nous soutiennent en toute circonstance.

Par contre, même si nous développons de plus en plus notre vie spirituelle, notre existence ne devient pas tout à coup sans difficulté pour autant. Nous pouvons vivre encore des moments difficiles, mais avec, au cœur, la certitude de pouvoir surmonter n'importe quel défi, n'importe quelle épreuve grâce aux ressources intérieures dont nous disposons.

Lorsque nous travaillons de concert avec le plan de l'âme, nous réalisons notre plan divin. Le plan divin, ce n'est ni la maladie, ni le malheur, ni les circonstances non harmonieuses. Bien sûr, avant d'y arriver totalement, nous continuerons de vivre des expériences tantôt difficiles, tantôt douloureuses, mais au fil du temps, par notre taux vibratoire, nous attirerons à nous des gens et des événements qui correspondront à notre nouvel état d'esprit. Oui, nous rencontrerons des obstacles, mais parallèlement, nous aurons en notre pouvoir une énergie bien plus forte et bien plus puissante pour les surmonter. N'est-ce pas rassurant de savoir cela?

# CHAPITRE 8

# *Les correspondances psychosomatiques*

*Nous sommes entièrement responsables de chacune de nos expériences. Chacune de nos pensées crée notre avenir. Le pouvoir réside toujours dans le présent. Nous souffrons tous de culpabilité et d'un manque d'amour pour nous-mêmes. Nous pensons tous au fond de nous: «Je ne suis pas assez bien.» Ce n'est qu'une pensée et une pensée peut être changée. Le ressentiment, la critique et la culpabilité exercent en nous l'influence la plus négative. Se délivrer du ressentiment vient même à bout du cancer. Si nous nous aimons réellement, tout va bien dans notre vie. Nous devons nous défaire du passé et pardonner à tous. Nous devons apprendre à nous aimer nous-mêmes. L'approbation et l'acceptation de soi sont les clés d'un changement positif. Nous créons toutes nos «maladies» physiques.*

*Louise L. Hay*

*N*ous avons vu, aux chapitres précédents, comme la pensée et le corps sont intimement liés. Le corps traduit, par un langage qui lui est propre, les malaises et les émotions qui l'habitent.

Notre corps s'ajuste toujours à nos pensées, et les paroles que nous prononçons commandent notre future condition. La maladie devient souvent le reflet de notre refus de vivre. Il n'y a qu'une manière d'y remédier: c'est apprendre à nous aimer totalement et à vivre le moment présent. Nous ne nous aimerons jamais assez, ni jamais trop.

De nos jours, on nous suggère d'apprendre à vivre avec nos maladies alors que le travail effectué sur la conscience permet d'apprendre à bien vivre sans la maladie, libre des limites imposées par le corps. N'est-ce pas plus intelligent et plus harmonieux?

Les personnes qui éprouvent des problèmes de santé sont très souvent possessives face à leurs malaises. En effet, elles parlent de la maladie en se l'appropriant: «ma» grippe, «mes» rhumatismes, «mon» diabète, disent-elles. Chaque fois que ces paroles sont prononcées, le corps répond à cette demande et s'approprie de plus en plus la maladie.

*Notre réalité ultime, c'est la santé,
notre héritage naturel, c'est la perfection.
La maladie est, tout comme l'obscurité par rapport
à la lumière, l'absence de santé. La lumière a tout
pouvoir tandis que l'obscurité n'a pas de force. Il en
est de même pour la santé et la maladie.*

La maladie traduit toujours un déséquilibre émotionnel. Souvent, chez les gens malades, la vie émotive a été, pendant un certain temps du moins, semblable aux montagnes russes: elle a connu ses hauts et ses bas. Finalement, le corps a cristallisé ce déséquilibre émotif par un malaise précis.

Il en est de même lorsque survient un accident de voiture ou un accident de quelque nature que ce soit. Les accidents symbolisent toujours notre désir conscient ou inconscient d'autodestruction et cachent un sentiment de culpabilité. Culpabilité et santé sont incompatibles puisque le corps, en merveilleux serviteur, exprime toujours nos pensées et nos émotions, sans effectuer de discrimination entre celles qui sont positives et celles qui sont négatives.

Très souvent, par le biais de la maladie, nous manipulons notre entourage afin de recevoir ce dont nous avons besoin sans avoir à exprimer verbalement nos besoins, notre désir d'attention et d'affection. Lorsque ça ne va plus sur le plan physique, des témoignages touchants affluent de la part des membres de notre famille et de nos amis. La maladie recèle de faux avantages...

Les maladies et les problèmes physiques reflètent une pensée ou une croyance précises. Les problèmes situés au niveau des poumons, par exemple, sont révélateurs d'une attitude mentale bien précise: ils trahissent une peur d'aspirer la Vie, de respirer la Vie. Toutes les maladies reliées aux poumons cachent généralement une situation étouffante pour la personne concernée.

90

Le cancer, quant à lui, nous renseigne sur un grand chagrin qui nous gruge à l'intérieur. Généralement, mais non pas systématiquement, cette maladie chronique est reliée à la perte d'un être cher, que ce soit un enfant, un conjoint, une personne aimée, ou à la perte d'un emploi. Une importante perte, quelle qu'elle soit, est habituellement à l'origine d'un grand chagrin qui, non exprimé, s'est transformé en une maladie nommée cancer.

La bursite cache une colère réprimée, non exprimée et traduit souvent le désir de frapper quelqu'un. D'ailleurs, toutes les maladies en «ite» sont nées de la colère, de la colère retenue. Pour libérer et le mal et l'émotion, nous pouvons alors exprimer cette colère, laisser exploser cette frustration en frappant non pas la personne concernée, mais en rouant de coups un oreiller, par exemple.

Les problèmes reliés aux genoux, aux chevilles et aux pieds dénotent une peur du changement et marquent généralement la peur d'avancer, d'aller de l'avant. Dans ces cas précis, nous sommes souvent confrontés à une situation qui nous retient et nous laisse indécis. Nous nous questionnons alors... et n'osons plus avancer.

Il existe donc, pour chaque malaise ou maladie, une correspondance psychosomatique. Afin de préserver la santé de notre corps, il nous faut accepter de vivre nos émotions. Il nous faut pleurer et rire sans culpabilité, verbaliser nos sentiments sans craindre d'être absurdes ou d'être jugés.

Notre Je Suis est notre divinité intérieure. Nous pouvons amener l'énergie de ce centre à se manifester dans notre vie et dans notre corps en apprivoisant notre force intérieure, en transcendant nos limites. Nous pouvons aller plus loin que notre réalité actuelle en transformant nos attitudes. Notre Je Suis ne peut être malade ou souffrant, car il est parfait, éternellement.

❊

*Nous ne sommes pas obligés d'être
à l'article de la mort pour mettre notre
Je Suis en action. Les corps physique,
mental et émotionnel peuvent être divinisés
si l'énergie du centre se manifeste.
À nous de choisir de mettre ce
principe en action dès maintenant.*

❊

Pour manifester la puissance et la santé dans notre corps, nous pouvons nous représenter un magnifique soleil dont l'énergie irradie le mental, les émotions et chaque cellule de notre corps. Lors d'une méditation, draper de lumière tout notre corps nous amène à nous sentir lumineux et à irradier cette lumière.

Nous pouvons aussi répéter des affirmations positives qui nous soutiendront dans notre démarche. Par exemple:

• Je me fais confiance.

• Je fais confiance à la vie.

• Chaque jour, je m'estime davantage.

• Je laisse la Vie divine circuler librement à travers moi.

• J'aime la Vie et elle me le rend bien.

• Je me pardonne avec amour tout mon passé.

• Je pardonne aux autres avec amour.

• Je choisis de vivre dans l'amour.

• Je crée uniquement la paix et l'harmonie en moi et autour de moi.

• Je laisse la joie inonder mon esprit et mon corps.

• Je vois avec les yeux de l'amour.

• Je trouve l'amour partout où mes yeux regardent.

• Je laisse tout l'amour de mon cœur me guérir.

• J'exerce en tout temps mon immense pouvoir: aimer.

• Je sors de mes limitations pour voir apparaître des horizons sans bornes.

• L'amour et la paix habitent mon esprit et mon corps.

• Je suis divinement guidé et inspiré sur la marche à suivre afin d'exprimer la santé parfaite.

• Chaque jour, à tous les points de vue, je vais de mieux en mieux.

Notre vrai guérisseur, c'est notre moi supérieur, notre moi profond. La maladie ne peut apparaître que lorsque nous sommes séparés de notre grandeur, de notre Je Suis. Ainsi, pour manifester à nouveau la santé, il nous faut recontacter notre identité spirituelle.

En nous recentrant sur notre divinité intérieure, nous pouvons guérir notre être tout entier. Niro Markoff Asistent, un des premiers êtres humains connus à s'être guéri du sida, en est un exemple probant. Elle a d'ailleurs écrit à ce sujet un excellent ouvrage intitulé *Comment je me suis guérie du sida et suis redevenue séronégative*.

En 1985, Niro a appris qu'elle était séropositive. Face à cette condamnation à mort, selon la médecine traditionnelle évidemment, elle s'est créé un programme de guérison et est redevenue séronégative, en dépit de tous les pronostics, au cours de l'année 1986, soit environ neuf mois après l'annonce de cette nouvelle.

Dans son livre, elle raconte son histoire, sa souffrance de voir sa vie brisée, son angoisse de contaminer ses enfants, sa lutte torturante contre la peur et la honte. Elle raconte aussi comment elle a transformé ses émotions négatives en forces vives et comment elle en est arrivée à s'accepter totalement. C'est ce cheminement qui lui a donné le courage d'aller jusqu'au bout et de guérir.

Les techniques qu'elle a utilisées se sont révélées efficaces pour elle et pour tous ceux et celles qu'elle a aidés. Elle a d'abord cherché à éliminer les émotions négatives qui l'habitaient: la peur, la honte, la dénégation et la colère. Puis, elle a utilisé de puissantes techniques de recentrage qui lui ont permis d'établir de nouvelles priorités. En fait, elle s'était constitué un véritable programme de mise en forme sur les plans physique, mental, émotif et spirituel.

*Ce programme peut servir à tout individu.*
*Nul besoin d'être atteint par le VIH*
*pour le mettre en pratique.*
*Nous pouvons être en santé et trouver*
*en ce mode de vie une véritable inspiration,*
*une extraordinaire discipline.*

Niro avait vécu, il est vrai, sa part d'épreuves. Pourtant, tout au long de sa démarche, elle a appris à pardonner aux gens, sachant pertinemment qu'elle seule était entièrement responsable de tout ce qui lui était arrivé jusqu'à ce jour.

Niro avait aussi appris l'amour. L'amour véritable qui transforme et guérit. En changeant son mode de vie, c'est tout son système immunitaire qui a répondu à l'énergie de l'amour, à l'énergie du pardon, à l'énergie de l'entraide et à l'énergie de la méditation. À partir de ce jour, elle n'avait jamais été aussi bien dans son corps. Parce qu'elle était libre. Libre des attaches qui la retenaient à son passé, libre de toute haine, libre de tout ressentiment.

Neuf mois plus tard, elle retourna chez son médecin afin de passer un autre test de dépistage du sida, car elle avait le sentiment d'être guérie. Et elle l'était, test à l'appui. Redevenue séronégative, Niro prononce maintenant des conférences pour donner espoir aux gens. Oui! le sida, comme toute autre maladie, se guérit!

Par contre, lorsque les gens entendent Niro expliquer la discipline de vie qu'elle s'est imposée pour arriver à ses fins, plusieurs d'entre eux choisissent... de se laisser mourir. Il est souvent bien plus facile de se laisser aller que de se prendre en main. Mais ceux qui le désirent peuvent connaître à nouveau la santé quelle que soit la maladie dont ils sont atteints.

Il est fréquent de voir des gens préférer passer sous le bistouri plutôt que de se prendre en main. Guérir demande une véritable remise en question... que certains croient éviter en confiant leur corps à un médecin ou à un chirurgien.

Niro Markoff Asistent a dit ceci: «Ceux parmi vous qui interpréteront ma guérison comme quelque chose que j'ai fait, ceux qui croiront que je me suis guérie moi-même du sida passeront à côté de ce que j'ai à transmettre. Ce n'est pas quelque chose que j'ai fait. Il s'agissait d'une permission. J'ai effectué un changement qualitatif de ma vie à partir d'un nouveau niveau de conscience. La guérison physique se produisit en prime et elle fut le résultat d'un abandon et non du contrôle de mon corps.»

Socrate, ce grand philosophe qui fut obligé de boire un terrible poison, la ciguë, eut ces dernières paroles: «Ma langue s'engourdit et je ne peux rien dire de plus mais souvenez-vous: je suis toujours ce que j'étais. Rien n'est mort en moi. Quelque chose est mort autour de moi, à la périphérie mais par opposition, le centre est plus vivant que jamais. Je me sens plus vivant parce que mon corps étant mourant, toute la vie s'est concentrée. Elle a disparu du corps, de la circonférence, elle s'est concentrée en un seul point: Je Suis.»

Voilà comment Socrate résumait, en l'an 399 avant Jésus-Christ, notre identité éternelle...

CHAPITRE 9

# *Exprimer l'harmonie,*
# *réaliser l'abondance*

*L'être le plus prospère est celui qui manifeste
en permanence la puissance et l'amour issus
de son âme, car alors il a le support total
de tout l'Univers dans toutes ses
entreprises et pour tous ses besoins.*

*Institut du développement de la personne*

*A*fin d'exprimer l'harmonie, il nous faut d'abord faire preuve d'authenticité. Être vrai peut nous sembler difficile au début, la crainte de perdre l'estime et l'amour des autres nous faisant parfois hésiter, mais la pratique de la vérité est profondément satisfaisante et améliore considérablement nos relations avec autrui. Et pour être véritablement authentique, il faut accepter de regarder ce qui se passe à l'intérieur de nous.

Un jour, je lisais un ouvrage qui disait que lorsque nous traversons dans une autre dimension, lorsque nous mourons, nous devenons des entités sans critique et sans jugement. Cette étape nous permet d'apprendre à mieux nous aimer et à mieux nous comprendre. Nous pouvons choisir d'assimiler ces leçons et devenir, dès maintenant, des individus libres de la critique et du jugement.

❋

*Être sans jugement,*
*c'est arriver à nous aimer*
*en toute circonstance, à être indulgents*
*face à nous-mêmes et à accepter*
*que nous avons fait des gestes et prononcé*
*des paroles du mieux que nous le pouvions.*

❋

S'aimer inconditionnellement, c'est se pardonner totalement ce que nous avons été de même que ce que nous avons fait. L'amour inconditionnel est basé sur le rappel de soi, ce qui va à l'encontre de l'éducation reçue qui, elle, nous a tournés vers l'oubli de soi.

Par le passé, on nous a enseigné qu'il était mauvais de penser à nous, qu'il importait de nous tourner vers les autres et de tenter de nous oublier... dans la mesure du possible. Forcément, nous avons cherché pour la plupart un partenaire qui allait prendre soin de nous puisque nous ne pouvions le faire. Cette façon de voir la Vie a entraîné les souffrances que nous connaissons.

Pourtant, nous savons maintenant que l'amour que nous nous portons, c'est l'amour que nous offrons aux autres, que la générosité dont nous faisons preuve à notre égard est celle que nous exprimons envers les autres. De la même manière, le manque de respect envers nous-mêmes se traduit par le même manque de respect envers autrui, car tout tire sa source de nous. Nous ne pouvons servir aux autres que ce que nous servons à nous-mêmes.

Ce n'est pas égoïste de penser à nous correctement. L'égoïste est plutôt celui qui est incapable de penser à lui, mais qui mobilise les gens autour afin qu'ils le fassent à sa place. Casanova a dit à la fin de sa vie: «Je me suis aimé plus que quiconque.» Il s'était effectivement préféré à tous les autres, sans pour autant les négliger. Il a su prendre soin de lui et combler ses besoins. Et comme nous prenons soin des autres de la même manière que nous prenons soin de nous-mêmes...

Nous l'avons vu précédemment, nous sommes dotés de quatre corps: les corps physique, mental, émotionnel et spirituel. Ces corps sont interreliés, indissociables, et fonctionnent de concert en permanence. Il est donc important que nous prenions soin de ces quatre corps. Nous pouvons, pendant un certain temps, maintenir notre corps spirituel dans l'ombre, mais cette volonté d'ignorer la vie spirituelle ne peut conduire qu'à un inévitable cul-de-sac. Il nous faut, un jour ou l'autre, effectuer un travail d'éveil. C'est d'ailleurs le but ultime de notre existence.

Nous avons tous l'occasion de le faire à un moment opportun. Souvent, ce sont les circonstances de la Vie qui nous poussent à vouloir en savoir plus, que ce soit lors d'un échec, lors de l'annonce d'une maladie, lors d'un deuil ou d'une épreuve difficile à traverser. Nous en arrivons tous un jour à nous questionner sur le sens de la Vie.

❊

*Après avoir effectué un travail sur la conscience,*
*certains se demandent pourquoi*
*ils ne se sont pas intéressés aux choses spirituelles*
*avant ce jour et en éprouvent dès lors des*
*regrets. Rappelons-nous que rien n'arrive*
*trop tôt ou trop tard. Tout arrive au bon moment*
*et de la manière la plus appropriée qui soit.*

❊

Souvent, cet éveil spirituel nous donne envie de partager nos découvertes avec nos proches, que ce soit nos amis ou les membres de notre famille... et nous sommes alors forcés de constater que notre véritable famille n'est pas nécessairement notre famille biologique. Notre vraie famille est composée de gens qui partagent la même qualité de pensée que nous et qui se dirigent dans la même direction que nous.

Parfois, les gens qui commencent à chercher une certaine vérité sur le plan spirituel vivent des confrontations avec leur entourage, que ce soit avec leur conjoint, avec leurs enfants ou avec leurs amis. Lorsque deux conjoints n'évoluent pas dans la même direction spirituelle, il y a forcément rupture un jour ou l'autre, cela est inévitable.

Lorsque nous sommes conscients, nous savons pertinemment bien en vivant cette situation que nous partageons le quotidien avec un individu sur le plan physique, sans toutefois marcher dans la même direction en ce qui concerne la pensée. Les couples qui vivent cette situation sont déjà séparés d'une certaine façon, et ce n'est plus qu'une question de temps avant que les corps ne s'éloignent. Car après tout, la rupture survient d'abord sur le plan de la pensée avant de se matérialiser.

C'est aux niveaux de la pensée, de l'esprit et du cœur que se vit le véritable mariage, la véritable union. Il y a des gens desquels nous nous sentons beaucoup plus près que certains membres de notre famille, justement parce que nous ressentons intensément cette communion de l'esprit.

❈

*Soyons conscients, lorsque nous attirons quelqu'un dans notre univers, que l'union ne sera durable qu'à la condition que cet individu partage la même pensée que nous. La vraie relation ne se situe pas qu'au niveau du corps, elle est aussi, et d'abord, au niveau du cœur et de l'esprit.*

❈

Lorsque nous devenons conscients, nous comprenons qu'exprimer l'harmonie demande l'élargissement de la conscience, cette conscience qui est champ de lumière et qui abolit les limites du mental. Et dès ce jour, nous expérimentons de plus en plus la paix, celle qui naît de notre aptitude à vivre le moment présent, l'instant qui passe.

Dès que nous sommes éclairés sur la route à suivre ou sur le geste à faire, nous utilisons parfois cette expression qui en dit long: «Je viens de voir clair» ou «Je viens d'allumer». Rien n'est plus juste. Ces expressions sont le fidèle reflet de ce qui s'est vécu au niveau de la conscience et trahit l'éveil que nous avons alors vécu. «Voir clair» ou «allumer», c'est vivre, même temporairement, à un niveau supérieur et expérimenter une compréhension différente.

Notre pensée est tout aussi importante que la pensée de quiconque. Notre jugement est tout aussi valable que le jugement de quiconque. Personne ne sait mieux que nous ce dont nous avons besoin et personne n'est à même de trouver de meilleures solutions pour nous que nous-mêmes.

En ce sens, il est essentiel d'effectuer nos propres expériences et c'est justement à travers ces mêmes expériences que nous apprenons à relever de merveilleux défis. Notre expérience personnelle vaut toutes les vérités du monde. Chacun d'entre nous porte en lui «sa» vérité. Autant il y a d'individus, autant il y a de vérités. Notre vérité n'est valable que pour nous-mêmes, comme la vérité des autres n'est bonne que pour eux-mêmes.

❋

*Il faut, un jour ou l'autre, en arriver à découvrir notre propre vérité et ne plus jamais laisser qui que ce soit nous dire quoi faire au sujet de notre vie.*

❋

Nous devons vérifier par nous-mêmes les théories exposées pour découvrir lesquelles nous conviennent vraiment. Nous n'avons pas à nous fier aux autres; nous pouvons trouver nous-mêmes nos réponses et nous faire confiance en ce sens.

\* \* \*

L'abondance à tous les niveaux de notre vie est un droit de naissance. Nous pouvons, si nous le désirons, avoir accès à ce qu'il y a de plus beau. Pour ce faire, il nous faut connaître un élargissement de la conscience.

La plupart d'entre nous ont été éduqués à fixer leur attention sur la pénurie et sur le manque. On nous a même culpabilisés face à l'argent en entretenant différents mensonges. On a maintes fois mis en relief que les gens riches sont souvent malhonnêtes... Ce type d'allusions n'encourage pas la prospérité!

Puisque nous sommes des adultes libres de penser par nous-mêmes, nous sommes maintenant en mesure de constater qu'il existe des riches honnêtes et d'autres malhonnêtes, tout comme il existe des pauvres honnêtes et d'autres qui le sont moins.

L'abondance est intimement reliée à l'estime de soi. Et l'estime de soi, comme son nom l'indique, ne peut venir que de soi et non pas des autres. Nous ne pouvons exprimer l'harmonie, l'abondance et la richesse sans être fiers de nous, sans posséder un certain amour pour nous.

Nous avons beaucoup été tournés, particulièrement ces dernières années, vers les possessions matérielles. La période de développement économique qui a suivi la Deuxième Guerre mondiale nous a fait croire que le bonheur se mesurait à nos avoirs. Pourtant, nos vraies valeurs sont éternelles et l'aspect matériel ne peut générer que d'éphémères satisfactions. En aucun cas la joie de «posséder» ne pourra nous apporter de véritables et de durables satisfactions.

Réaliser l'abondance, c'est d'abord et avant tout prendre conscience que l'abondance est un état d'être. Et pour réaliser cet état d'être, il faut sentir que nous faisons effectivement partie intégrante de cette abondance infinie qu'est l'Univers.

\* \* \*

Le corps magnifique dans lequel nous nous mouvons est l'ordinateur le plus extraordinaire qui soit. Notre cerveau est constitué d'une façon complexe et merveilleuse à la fois. C'est un merveilleux cadeau. Il existe des milliers de cadeaux dans notre existence. À nous de les reconnaître.

Notre corps n'est pas fait pour vieillir mais bien pour rajeunir, car nos cellules se renouvellent tous les neuf mois. Nous ne devrions pas prendre de l'âge. L'esprit n'a pas

104

d'âge, il est libre de toute entrave reliée au temps. C'est lui qui dirige le corps, qui le forme, le moule, l'améliore ou le détruit.

Nous vieillissons, car nous tenons pour acquis qu'il est normal de vieillir, d'être malade et de mourir. Toutefois, nous pouvons apprendre qu'il est normal de demeurer éternellement jeune, d'être en tout temps et en toute circonstance en santé, et de ne jamais mourir.

Notre Je Suis ne peut pas être malade, manquer de quelque chose ou rater son coup. C'est un noyau d'être parfait. Éternellement parfait. Physiquement, nous sommes tous différents, mais nous sommes tous unis par notre divinité intérieure. Nous ressentons la division à cause de notre mental qui a créé l'illusion de cette séparation, nous faisant croire que nous sommes tous séparés les uns des autres. La réalité est tout autre, car nous sommes Un.

***Lorsque je porte un jugement sur un individu,
je me condamne moi-même, car nous sommes
tous interreliés en permanence.
Ce sont nos pensées
qui nous relient aux autres.***

Nos pensées nous marquent d'abord avant de marquer les autres et elles nous reviennent amplifiées. Nos pensées nous appartiennent et les autres ne les recevront que s'ils y accordent du pouvoir. Les pensées que nous émettons nous habitent sans pour autant influencer les autres.

Si nous détestons quelqu'un, nous lui accordons de l'importance en y pensant. Cette personne est alors dans nos pensées et, forcément aussi, présente dans notre vie. Pendant ce temps, elle ne se soucie pas de ce que nous pensons d'elle. Au bout du compte, c'est nous qui souffrons et non cette personne détestée.

Le mental nous fait croire en la dualité – moi et l'autre, le bien et le mal – de même qu'il a créé l'illusion du temps et de la distance. Dans la réalité, il n'y a que le moment présent, n'existe véritablement que l'ici et maintenant, éternellement. Si nous apprenons à nous libérer du passé et à cesser de nous projeter dans le futur, nous vivrons enfin dans l'unité de l'instant présent.

\* \* \*

Nos véritables besoins sont comblés en permanence, et il en sera toujours ainsi. La Vie, c'est comme le flux et le reflux de la mer. Il y a des moments où la vague est si forte qu'elle nous impressionne et nous fait craindre le pire. Puis, tout à coup, survient le calme après la tempête. Après l'orage revient toujours le beau temps. Ainsi va la Vie.

Les lois naturelles nous enseignent qu'il faut donner pour recevoir. Donner ne se mesure pas toujours en argent. Nous pouvons donner du temps pour venir en aide à quelqu'un, donner des encouragements à une personne qui en a besoin, donner un sourire à quelqu'un qui souffre.

Donner, c'est aussi confier ses soucis, ses inquiétudes, ses peines en les remettant à la Source de lumière qui est en nous-mêmes et qui possède toutes les solutions. Il faut donner nos problèmes à notre Je Suis pour recevoir des solutions.

Nous pouvons nous abandonner avec confiance à la Source de lumière en nous, nous abandonner à la Source de lumière qui régit l'Univers. Nous pouvons laisser aller, lâcher prise et nous préparer à tout recevoir. Il faut donner pour recevoir, c'est ce que la nature nous enseigne. Lorsque nous retenons une situation en ne lâchant pas prise et en cherchant différentes avenues et solutions possibles, nous ne sommes pas en train de donner nos ennuis, de confier nos problèmes mais nous tentons plutôt de contrôler la situation.

Nous pouvons abandonner à notre Source de lumière intérieure tout ce que nous vivons, et ce, dans les moindres détails. Après avoir tout abandonné à notre Intelligence intérieure, nous pouvons dès lors nous préparer à tout recevoir. Nous ne savons ni comment, ni pourquoi, mais nous savons que nous connaîtrons le dénouement de toute situation litigieuse. Notre Source connaît mieux que nous ce qui est bon pour nous. Nous n'avons pas à nous inquiéter du lendemain, car notre Je Suis veille sur nous et pour nous en tout temps.

�֍

*Lâcher prise, ce n'est pas démissionner de la Vie.*
*Lâcher prise, c'est abandonner les efforts de la*
*volonté, laisser aller avec confiance,*
*laisser couler la Vie sereinement*
*sans tenter de s'y opposer.*

✖

De la résistance naît la souffrance. Lorsque nous nous opposons aux événements, nous nous sentons impuissants et malheureux. Inversement, lorsque nous sommes sans résistance face à l'existence, la Vie est beaucoup plus facile et agréable à vivre, plus aisée à expérimenter. Chaque événement qui se présente dans nos vies survient dans le but de nous aider à acquérir une plus grande confiance en l'existence. Abandonnons-nous avec confiance, notre Je Suis possède toutes les solutions.

# CHAPITRE 10

# Créer la prospérité dans sa vie

*Vous êtes prospère dans la mesure*
*où vous faites l'expérience de la paix,*
*de la santé et de l'abondance dans*
*votre monde intérieur.*

*Catherine Ponder*

*L*a richesse n'est pas un but en soi. Rien n'est plus vain et vide que de poursuivre cette ambition: être riche pour être riche, tout simplement. En fait, nous cherchons le bonheur, la paix de l'esprit, le calme et la sérénité et nous croyons parfois que l'argent peut nous procurer ces états d'esprit, ce qui est en fait une façon profondément erronée de percevoir la réalité. C'est une illusion! Qui donc disait que l'argent ne fait pas le bonheur mais que, malheureusement, il n'y a que les riches qui le savent?

La paix de l'esprit n'est pas directement proportionnelle à l'argent dont nous disposons dans notre compte en banque. Nous pouvons très bien être pauvres et heureux. Nous pouvons aussi nous réaliser à tous les plans, c'est-à-dire être beaux, riches, en santé et vivre dans la prospérité.

Même dans les moments les plus difficiles et de grande pénurie, nous avons accès à une abondance inquantifiable. N'est-ce pas rassurant d'observer que, même lorsque nous traversons des périodes de restriction, nous avons le privilège de vivre dans l'abondance et le confort malgré tout?

Jésus a toujours vécu dans l'abondance mais malheureusement, nous le citons régulièrement comme un homme ayant donné l'exemple de la pauvreté. Nous avons retenu de lui qu'il est né dans une étable, mais avons peu insisté sur le fait qu'il manifestait tout ce qu'il voulait sur-le-champ.

Lorsqu'il avait besoin de nourriture, le Christ était capable d'en manifester au moment même où il en avait besoin. Lorsque venait le temps de guérir un individu ou de ramener à la vie une personne morte depuis quelques jours, il possédait ce même pouvoir de matérialiser ce qu'il voulait, au moment où il le désirait. Jésus vivait donc dans l'abondance, mais nous n'avons pas retenu cet aspect de sa vie, car il n'a jamais cherché à accumuler des biens.

Les Saintes Écritures racontent qu'un jour, Jésus a nourri 4000 hommes, sans compter les femmes et les enfants, car ils étaient très nombreux à s'être rassemblés ce jour-là. La Bible relate d'abord que Jésus les fit asseoir. Ce détail cité dans les Évangiles peut nous sembler insignifiant si nous ne prenons pas le temps de nous y attarder. Pourtant, son importance est capitale. Car derrière ce symbole se cache une vérité éclatante. Lorsque nous sommes confrontés à un problème, il occupe tout le champ de notre conscience. Il nous semble si haut et si grand! Jésus fit donc asseoir les gens autour de lui pour donner au problème sa vraie dimension, afin de l'abaisser, de l'éliminer du champ de leur conscience et ainsi d'entrevoir les solutions qui se présentaient.

Lorsqu'ils furent assis, Jésus demanda aux gens dans l'assistance s'ils avaient de la nourriture avec eux. Cette demande démontre que le Christ voulait d'abord et avant tout travailler avec ce qui se présentait à lui, avec ce qui existait déjà. On lui remit cinq pains et deux poissons. Évidemment, personne n'aurait jamais supposé qu'avec cette infime quantité de vivres, on allait pouvoir nourrir la foule.

Jésus prit les pains et les poissons. Les Évangiles rapportent qu'il les bénit, les multiplia et les laissa circuler librement... et qu'ainsi, tout le monde mangea. Le Christ nous a légué ce jour-là une belle et grande leçon: chaque fois que nous bénissons une situation, nous en multiplions les effets positifs.

Si nous transposons cet enseignement dans notre vie, nous pouvons apprendre à bénir les situations au lieu de les maudire, et connaître ainsi des dénouements exceptionnels, des événements extraordinaires.

�֍

*Bénir est, en toute circonstance, d'une extrême importance. Ce mot, qui nous vient du latin, signifie «bien dire», «dire vrai», «dire juste», «dire la vérité», cette vérité qui nous rend libres de toute limitation.*

✖

Nous devons apprendre à ajuster notre pensée sur ce qui est éternel, sur ce qui ne change pas, et ainsi, attirer à nous les situations les plus adéquates pour nous, faire arriver le mieux en toute chose par un concours de circonstances bénéfiques. Lorsque nous nous en remettons à notre Je Suis, nous sommes en permanence au bon moment, au bon endroit, avec les bonnes personnes pour nous.

Bénir, c'est aussi envelopper de lumière. Nous pouvons nous bénir, c'est-à-dire nous envelopper de lumière, nous voir de la façon que nous devrions être, c'est-à-dire parfaits. Nous pouvons alors découvrir la vérité au sujet de nous-mêmes et de toute chose. Cette vérité qui rend libre. Jésus lui-même nous a dit que nous étions parfaits, que nous étions Dieu. Notre Je Suis est parfait, notre divinité intérieure est parfaite depuis toujours et pour l'éternité.

Le Christ a dit que lorsque nous maudissons une situation, quelque chose ou quelqu'un, nous le maudissons pour nous. Nos pensées nous marquent toujours en premier lieu, et ce, bien avant de marquer les autres.

Ainsi, ce sont nos pensées de prospérité qui nous enrichissent et nos pensées de pénurie qui nous appauvrissent. Ce sont nos pensées de richesse qui nous font connaître l'abondance et nos pensées de pauvreté qui créent le manque.

La réalité n'est pas nécessairement celle que nous percevons avec nos sens, celle que nous voyons avec nos yeux, que nous sentons avec nos doigts, que nous pouvons palper ou soupeser. La réalité est tout autre, plus subtile.

Chaque fois que nous pensons à une situation, nous l'attirons à nous. Chaque objet, chaque personne, chaque événement de notre vie est notre création et nous devons l'assumer comme telle, car tout ce qui nous entoure est le résultat de notre pensée.

La réalité est invisible, d'un niveau plus subtil. Rappelons que le mouvement de la Vie va toujours de l'invisible au visible. Ainsi, la réalité est d'abord invisible, puis elle se matérialise par le biais de la pensée. C'est la poussée de la pensée qui fait apparaître l'objet, qui fait apparaître la personne, qui fait naître la situation.

*Notre foi en l'abondance de même*
*que nos pensées de prospérité nous amènent à*
*matérialiser ces aspects dans notre vie.*
*Lorsque nous pensons en fonction de la prospérité,*
*nous expérimentons éventuellement cette prospérité*
*dans la matière. Nous concrétisons en permanence*
*des événements en accord avec*
*nos croyances et notre confiance.*

La prospérité ne se mesure pas sous forme de revenus ou de salaire. Nous pouvons connaître la prospérité par le biais d'un héritage, d'un gain, d'une facture révisée à la baisse. L'abondance peut nous parvenir par le biais de différentes avenues, toutes plus inusitées les unes que les autres. Il faut savoir être ouvert et réceptif, apprendre à accueillir et à accepter l'abondance dans notre vie.

L'argent ne nous fera jamais défaut si nous avons la sagesse intérieure de le laisser circuler librement afin qu'il nous revienne... multiplié. N'oublions pas qu'en toute circonstance, il faut d'abord donner pour recevoir. C'est une loi inexorable. Lorsque nous donnons à la terre une semence, si minime soit-elle, la terre nous la retourne multipliée.

Il en est de même de tous les aspects de notre existence. Lorsque nous donnons aux autres, c'est à nous-mêmes que nous donnons. Nous pouvons donner des choses quantifiables comme de l'argent, des biens matériels, mais nous pouvons aussi donner de nous-mêmes, sans attente, sans idée de retour. En fait, nous donnons parce que cela est juste et bon. La Vie nous donne en permanence, il est donc normal de donner en retour. C'est même de notre devoir.

Nous devons apprendre à tout abandonner pour nous préparer à tout recevoir. Nous pouvons nous abandonner et abandonner nos soucis à notre source de lumière intérieure, à notre Je Suis qui est parfait.

Nous devons d'abord vider un verre afin de le remplir par la suite. Selon le même principe, nous pouvons abandonner nos difficultés afin de recevoir des solutions. Notre Je Suis a tous les moyens de résoudre les problèmes, quels qu'ils soient.

Pour nous familiariser avec les concepts d'abondance, nous pouvons répéter régulièrement les affirmations qui suivent ou celles qui nous sont inspirées par notre Source intérieure.

• Toutes les portes financières sont ouvertes, tous les canaux financiers sont libres.

• Je suis riche et prospère.

• Je reçois de l'argent en abondance et en fais un usage éclairé.

• Je suis heureux d'être un individu riche et prospère.

• Dès à présent, je jouis de mon abondance à tous les niveaux.

• Désormais, l'argent circule librement et joyeusement dans ma vie à jamais.

• Je crée une abondance illimitée, qui me permet de réaliser tous mes rêves.

• Je suis de plus en plus généreux, et la Vie se montre de plus en plus généreuse à mon endroit.

• Comme par magie, toutes les portes de l'abondance s'ouvrent devant moi.

• Tout ce dont j'ai besoin vient à moi librement. Je suis comblé.

❈

*Lorsque nous empêchons l'énergie de circuler librement, nous créons à notre insu des blocages. Ces blocages proviennent toujours du mental. Ils engendrent la pénurie, la maladie, la frustration.*

❈

Chercher à accumuler des biens n'est pas la forme de prospérité que j'enseigne. Je n'ai rien contre les gens qui investissent dans l'immobilier ou qui achètent des biens de toutes sortes. Au contraire! Ceux qui le font transpirent une certaine conscience de la richesse. Par contre, l'abondance n'est pas que matérielle. C'est aussi, par exemple, être en santé, entretenir de belles relations et vivre heureux.

L'abondance revêt différents visages pour chacun d'entre nous. Pour certains, elle se mesure à l'argent placé dans un compte en banque, pour d'autres à une maison, à des voyages ou à des objets de luxe. Personnellement, je considère que l'abondance, c'est la capacité de démontrer, au moment où j'ai besoin de quelque chose, les solutions appropriées, que ce soit un service rendu par un bon Samaritain ou de l'argent.

Lorsque tout va bien, nous avons tendance à vivre un peu plus à la surface des choses, oubliant par le fait même notre nature divine, notre Je Suis. Par contre, dès que les circonstances de la Vie nous placent dans une situation un peu plus inconfortable, nous revenons rapidement à notre noyau d'être et recommençons à penser correctement à nous.

*Lorsque nous souffrons, quel que soit le motif*
*de nos tourments, nous recommençons*
*à accorder de l'importance à notre Je Suis.*
*Dans ces moments, nous revenons*
*par instinct à la liberté qui*
*libère de toute limitation:*
*notre nature divine.*

Les problèmes ne sont que les effets d'une pensée erronée. Lorsque nous vivons des difficultés, nous pouvons nous demander comment nous avons créé cette situation, car la cause première de tout problème se trouve dans les pensées entretenues par le mental.

Pendant longtemps au Québec, on éduquait les gens en leur disant que la pauvreté était une vertu, qu'être pauvre était une situation dont ils devaient être fiers. La vérité est tout autre. La pauvreté n'est pas une vertu. La pauvreté témoigne d'un manque qu'il nous faut combler par l'abondance, par la prospérité.

Durant les dernières décennies, nous avons tellement parlé du Tiers Monde qu'en l'espace de quelques années seulement, nous sommes passés du tiers au deux tiers du monde qui crève de faim. Ce qui domine la pensée finit toujours par se concrétiser et comme nous avons, en tant que collectivité, fixé notre attention sur la pauvreté, nous l'avons matérialisée encore plus.

Paradoxalement, il pourrit actuellement suffisamment de fruits pour nourrir l'humanité tout entière. N'est-ce pas étrange? Faut-il manquer d'imagination pour que la majorité des individus de cette planète crèvent de faim? De la même façon, lorsque nous songeons à l'abondance, lorsque nos pensées sont axées vers la richesse et la prospérité, nous nous dirigeons de plus en plus vers cette aisance souhaitée.

Pour nous soutenir dans notre démarche, il nous faut reconnaître les signes que la Vie émet à notre endroit dans le but de démontrer que notre prospérité va en s'accroissant. Par exemple, si nous recevons une augmentation de salaire, aussi minime soit-elle, ne nous disons pas qu'elle aurait pu être plus importante! Remercions plutôt l'abondance au lieu de critiquer nos patrons de ne pas nous avoir accordé une augmentation plus généreuse.

Une facture révisée à la baisse, une invitation à souper, un cadeau qui nous est fait sont tous des signes du destin nous démontrant que notre abondance s'accroît de jour en jour. Cessons de mesurer notre abondance à notre compte en banque et sachons reconnaître le prospérité partout dans notre vie. Il nous faut fixer notre attention sur ces cadeaux de l'existence au lieu de nous plaindre du coût de la vie ou de l'augmentation des taxes et des impôts!

Les lamentations de Jérémie de l'Ancien Testament nous apprennent que le fait de se lamenter, de se plaindre, est une manière efficace de s'appauvrir. À l'inverse, être plein de gratitude, avoir un cœur reconnaissant, c'est une façon extraordinairement efficace de s'enrichir. Il est simple de dire merci à la Vie pour tout ce que nous avons, pour tout ce qu'elle met à notre disposition. Réjouissons-nous de tout ce que nous avons mais surtout, de tout ce que nous sommes.

Face à l'abondance matérielle, il nous faut aussi apprendre le détachement, même si cela peut parfois s'avérer fort difficile. Rien n'est plus aisé que de se sentir détaché dans la pauvreté! Dans l'abondance, il nous faut nous rappeler que le matériel n'est pas la source de notre contentement, car le véritable bonheur est en nous.

Il faut en arriver à vivre avec détachement afin de trouver un bonheur durable qui soit issu de l'intérieur de notre être. Ainsi, si certains biens matériels n'étaient subitement plus dans notre vie, nous pourrions continuer à être heureux.

*Nous ne devons pas nous peiner si certains biens que nous avions acquis se transforment, car c'est en nous que réside le pouvoir de matérialiser des choses à notre guise.*

Si nous faisions brûler un hôpital, les chirurgiens qui y travaillent perdraient tous leurs instruments de même que leur lieu de travail, mais ils demeureraient quand même chirurgiens, car ils possèdent une science, un art. Ils auraient besoin d'autres instruments pour exprimer leurs connaissances, mais ces dernières seraient intactes. Il en est de même de notre pouvoir de créer. Même si la forme change, notre puissance demeure la même et se renouvelle sans cesse.

Le pauvre n'est pas celui qui n'a pas de ressources, mais plutôt celui qui en a mais qui, parallèlement, se comporte comme un pauvre. Le riche n'est pas celui qui a beaucoup de biens, c'est celui qui se comporte comme un riche, qui pense comme un riche, qui vit comme un riche, tout en laissant aller et venir l'argent, tout en partageant sa richesse.

Je ne recommande à personne de jeter l'argent par les fenêtres, mais je prône la générosité. Être généreux n'est pas nécessairement donner de l'argent. C'est savoir se montrer disponible, savoir rendre service à qui en a besoin, c'est faire des choses gratuitement, sans attente.

*Le sentiment de mérite de même que l'estime de soi sont directement reliés à l'abondance. Comment manifester la prospérité dans notre vie si nous conservons en nous le sentiment de ne pas avoir droit au bonheur? Comment vivre dans l'abondance si notre estime de soi est déficiente?*

L'endettement provient toujours de la crainte et de la rancœur. Le pardon libère et ouvre à nouveau les voies de la prospérité. Nous sommes souvent esclaves de nos possessions et au bout du compte, ce sont nos possessions qui nous possèdent.

Observons la nature. Parfois, elle nous semble morte, mais pourtant, toujours elle se renouvelle. Lorsqu'une situation nous semble moins fructueuse, nous pouvons nous appuyer sur cette vérité: nous continuons de travailler de l'intérieur et même si ce travail n'est pas visible, il finira par porter fruit. Rien n'est jamais statique ou mort et chaque période de calme prépare une renaissance.

«Que la lumière soit» est la loi de transmutation infaillible. C'est le processus de création qui donne invariablement des résultats probants. «Que la lumière soit», c'est une phrase courte et simple, mais qui est à répéter inlassablement. Elle nous rappelle que nous travaillons constamment avec la lumière, avec l'amour divin et que tout émerge de cette lumière.

Nous pouvons travailler avec l'amour divin pour notre santé, notre bonheur ou notre prospérité. Nous pouvons œuvrer avec la lumière en tout temps, que ce soit pour rétablir l'harmonie dans un organe précis – notre foie, nos reins, notre estomac, par exemple – ou dans notre porte-feuille.

Chaque fois que nous donnons, ne serait-ce que du temps, des vêtements ou quelque autre objet concret, la vie nous le rend au centuple. J'ai souvent reçu des cadeaux inattendus après avoir donné, ne serait-ce que des vête-ments. C'est une loi infaillible.

*Ce que nous donnons nous revient toujours.*
*Nous ne perdons jamais rien, nous transformons*
*les choses, tout simplement. Ce qui nous semble*
*des «pertes» sont en fait des investissements*
*qui nous reviennent d'une autre façon,*
*sous une autre forme.*

Il ne faut jamais permettre au mental de penser sous forme de perte, car il existe dans l'Univers une force réparatrice qui se charge toujours de nous donner ce qui nous revient de droit divin. Si nous aidons quelqu'un, cette aide nous sera rendue un jour, nous pouvons en être assurés. Par contre, elle ne nous viendra pas nécessairement de la personne que nous avons aidée jadis. L'important, c'est que cette aide nous revienne au bon moment.

Ce support n'arrive pas toujours de la façon dont nous l'aurions souhaité non plus, mais toujours de manière ap-propriée. Ça, c'est une fort belle et rassurante certitude que nous pouvons ressentir au tréfonds de notre âme...

# CHAPITRE 11

# *Lâcher prise et approuver ce qui nous arrive*

*Quand nous acceptons
nos métamorphoses intérieures,
nous cessons d'être aveugles à l'immensité
qui s'ouvre devant nous.*

*Vernon Howard*

*L*âcher prise, c'est imiter les enfants, qui sont spontanés et authentiques. Adulte, nous faisons des calculs, nous évaluons ce qui se fait et ce qui ne se fait pas en perdant de vue notre instinct pour n'écouter que notre tête. Être authentique est l'une des plus belles qualités que nous puissions développer, car elle est gage de santé, de bonheur et de prospérité.

La transparence de même que l'authenticité peuvent parfois être dérangeantes pour nous-mêmes et pour notre entourage, car nous sommes habitués à vivre dans le mensonge. Nous faisons attention aux gens de peur de les blesser, nous croyons les ménager en taisant nos sentiments ou nos pensées. En ne voulant pas leur faire de peine, nous leur en causons quand même et nous nous faisons du mal.

*Concrètement, lâcher prise, c'est décrocher
du mental qui gonfle notre ego à bloc et nous
ramène sans cesse à un système de dualité.
C'est neutraliser le mental qui se tourne
vers le passé ou se projette dans
l'avenir sans jamais goûter le moment présent.*

Chaque problème ramené dans le moment présent perd de son ampleur. Pourquoi donner tant d'importance aux problèmes et aux difficultés s'ils sont inexistants dans le moment présent?

Nous devons dominer le mental, l'entraîner à devenir un magnifique serviteur et non pas un maître. Si nous disciplinons notre mental à rester dans le moment présent, il développera de plus en plus cette saine habitude. La souffrance naît de notre attachement à nos problèmes, de notre résistance et témoigne de notre refus de nous laisser couler avec confiance et abandon avec la Vie.

Tout est mouvement, tout est constamment en transformation. Dire non au changement, c'est refuser la Vie dans son ensemble et assurément se diriger vers la souffrance. Dire non aux transformations de toutes sortes, c'est maintenir une certaine fermeture face à la Vie. Cette façon de vivre crée des nœuds et empêche l'énergie divine de circuler librement.

Dès que nous disons oui à une situation qui se présente, il y a instantanément déblocage d'énergie. Ce sont notre refus et notre résistance qui créent les tensions. En disant oui, nous arrivons à dissoudre les nœuds. Lorsque nous lâchons prise et que nous savons patiemment attendre le dénouement en maintenant un sentiment de certitude intérieure, nous obtenons des résultats extraordinaires.

Niro Markoff Asistent, dont j'ai parlé précédemment, avait une fort belle façon d'entrevoir la Vie lorsqu'elle disait qu'il nous fallait cesser de pousser sur la rivière de nos amours, sur la rivière de nos finances, sur la rivière de nos relations. Dans la nature, la rivière est capable de suivre son cours par elle-même sans que nous nous en mêlions. Il en est de même de tous les aspects de l'existence. Nous n'avons qu'à nous laisser porter par la rivière, par le courant en cessant d'user de notre volonté pour arriver à nos fins.

Lorsque nous plantons des légumes dans un jardin, nous ne passons pas notre temps à leur demander de pousser, de grandir, de progresser. Nous ne tirons pas non plus sur leur feuillage pour favoriser leur croissance! Ce processus s'effectue tout seul, à notre insu, sans que nous ayons à nous en mêler. Les fruits et les légumes ont ce qu'il faut en eux pour pousser seuls, sans notre aide.

Devant nos amours et nos finances ou n'importe quel défi de l'existence, nous avons souvent tendance à vouloir contrôler la situation et à tenter de modifier le cours des choses. En vain. Ce n'est pas dans la matière que nous pouvons y parvenir mais en modifiant notre attitude intérieure. Tout ce que nous effectuons dans la matière est inutile et si une formule obtient un certain succès, elle est habituellement temporaire.

Approuver ce qui nous arrive, c'est croire profondément que nous sommes en permanence soutenus, appuyés. Malheureusement, nous croyons souvent, à tort d'ailleurs, que l'acceptation est synonyme de soumission et de démission. Ce n'est pas le cas. Accepter, c'est reconnaître qu'une chose est, sans chercher à la nier.

Nous pouvons nous autoriser à être d'accord avec tout ce qui survient dans notre vie, car tout ce qui nous arrive nous permet de tirer une expérience. Rien n'est positif ou négatif, rien n'est bien ou mal, tout est expérience.

Cessons de pousser sur la rivière, comme le dit Niro. Permettons-lui de suivre son cours, dans l'harmonie. Voilà une des belles philosophies que nous pouvons expérimenter, car elle nous libère.

*Comprendre, c'est délier, dénouer, laisser aller.*
*Lorsque nous comprenons enfin qu'il*
*n'y a de dualité que dans le mental, que le bien*
*et le mal n'existent pas, nous pouvons clamer*
*notre statut d'être libre.*

À un niveau supérieur, il n'y a ni bien ni mal, il n'y a que des expériences pertinentes. Le tueur est responsable de tuer. Celui qui meurt est responsable de mourir. Est-ce que le geste du tueur est plus grave ou lourd de conséquences que la responsabilité de celui qui a choisi de mourir? Non.

Le système de pensée qui prévaut actuellement dans notre société prône que la victime doit être prise en pitié, comme si elle n'avait aucune responsabilité pour l'événement qui s'abat sur elle. Pourtant, une personne qui est assassinée a bel et bien, par ses pensées et son taux vibratoire, télécommandé son bourreau.

Je ne répéterai jamais assez que nous sommes tous responsables à cent pour cent de ce qui nous arrive, que cela nous plaise ou non. Nous attirons à nous, par le style de pensées que nous entretenons, des gens et des événements. Lorsque nous nous sentons victimes, nous attirons des événements qui nous remettent dans la position de victime. Lorsque nous nous sentons gagnants, la vie nous comble de ses bienfaits et de ses cadeaux par des voies souvent originales.

Pour avancer véritablement dans la Vie, il nous faut arriver à lâcher prise et approuver totalement notre passé. Nous devons aussi apprendre à nous aimer dans notre intégralité, soit avec nos qualités et nos défauts. C'est dans le fumier que poussent les plus belles roses et en ce sens, toutes les expériences vécues, même celles qui nous semblent négatives, nous permettent de grandir. Lorsque nous intégrons les leçons imposées par l'existence, nous en tirons de sages enseignements.

Lorsque nous avons l'impression d'avoir été abusés et que nous cherchons un moyen de nous venger, c'est à nous-mêmes que nous créons des torts. Lorsque nous comprenons la loi du retour, nous n'avons plus à chercher à assouvir notre vengeance puisque nous savons pertinemment bien que la balance cosmique est en tout temps souveraine. Le temps équilibre tous les comptes, sans oubli aucun.

Nous n'avons pas à chercher un moyen par lequel la peine sera remise à la personne qui nous a fait du tort, car le temps s'en chargera. En ce sens, nous devons lâcher prise sur les gens et les événements, même ceux qui nous ont blessés.

La chenille qui refuserait la métamorphose ne connaîtrait jamais l'état de papillon. La tansmutation est identique à ce phénomène. Tout état misérable peut être converti grâce à la lumière. Cessons de voir ce que nos yeux nous montrent, allons au-delà des apparences afin de percevoir la vérité de même que l'essence véritable de toute chose.

Nous pouvons connaître une telle métamorphose, tous, autant que nous sommes, en lâchant prise sur notre passé, sur ce que nous avons été, sur nos vieilles attaches, sur nos rancunes et sur tout ce qui nous lie à hier. La chenille doit renoncer à son statut de chenille pour enfin s'envoler sous forme de papillon.

Ne nous accrochons pas aux gens, ne nous accrochons pas aux événements, ne nous accrochons pas aux biens. Laissons le reflux de l'existence s'exprimer dans son mouvement de va-et-vient. La Vie change constamment et si nous tentons de créer une permanence, une certaine stabilité, nous nous heurtons à un impossible défi à relever. La vie est changement en permanence. Laissons-nous couler dedans avec confiance et abandon, car elle nous guide sans cesse vers un ailleurs... bien meilleur.

# CHAPITRE 12

# Le magnétisme: un pouvoir magique

*La somme totale de tout ce que vous avez jamais pensé, ressenti ou dont vous avez fait l'expérience est dans votre subconscient. Cette accumulation y réside non pas seulement comme une mémoire passive, mais aussi en tant que puissance directrice.*

*Raymond Charles Barker*

*N*ous sommes des lumières pensantes. En effet, nous sommes des lumières par notre conscience. Cette conscience est un champ lumineux qui a le pouvoir de décloisonner le mental afin de nous permettre de percevoir la Vie dans son unité et non dans sa dualité. Parce que nous sommes lumière, parce que nous sommes d'essence spirituelle, nous pouvons rayonner et transformer notre vie pour le mieux.

Ce centre de gravité, ce Je Suis, ce noyau d'être qui nous habite, nous devons lui permettre de prendre toute la place dans notre vie. Avant même de descendre du lit le matin, nous pouvons nous rappeler notre véritable nature. La journée en sera d'autant plus lumineuse. Nous devons céder la place à notre être divin dès le lever du jour et nous exercer à élever notre taux vibratoire.

Pour ce faire, nous pouvons entrer dans notre centre, descendre à l'intérieur de nous, calmer notre mental, mettre de la paix dans nos émotions. Lorsque nous cessons de penser, le vide se fait comme par magie et la paix s'installe graduellement.

�֎

*Si, en dépit du rythme trépidant,*
*du brouhaha et des difficultés,*
*nous nous installons dans cette paix profonde*
*et constante qui est à l'intérieur de nous,*
*nous connaîtrons un sentiment d'apaisement*

> **profondément rassurant. Comme par magie,**
> **la paix s'établit au dehors lorsque nous la**
> **contactons par en dedans.**

Pour élever notre taux vibratoire, il faut d'abord remercier la Vie pour cette paix, avant même qu'elle soit installée en nous. Il est de notre devoir d'élever notre taux vibratoire afin de ne pas nous laisser engloutir par l'hypnose collective qui prévaut actuellement. C'est pourtant simple: nous n'avons qu'à permettre à notre Je Suis de prendre les commandes de notre existence. Paradoxalement, il travaille mieux sans nous qu'avec nous. Calmons notre mental, limitons nos pensées pour lui laisser la place qui lui revient.

Cessons de penser que nous ne sommes qu'une petite personne humaine. Notre Je Suis peut faire pour nous ce que nous ne pouvons faire pour nous. Lorsque notre Je Suis dirige notre vie, nous sommes protégés entièrement, totalement, complètement... en tout temps.

> **Avant même d'en constater et d'en mesurer**
> **les résultats, remercions notre divinité intérieure**
> **pour tout ce que nous souhaitons concrétiser.**
> **Remercions-la pour notre bonne santé,**
> **pour la beauté de notre appartement,**
> **pour nos amours, pour notre abondance,**
> **de même que pour la paix du cœur**
> **et de l'esprit qui nous habite.**

Notre Je Suis est un pouvoir magique duquel notre magnétisme intérieur émane. Ce magnétisme neutralise les éléments extérieurs, et cela, le Christ l'a prouvé maintes fois.

L'extérieur est toujours le fidèle reflet de l'intérieur. Pour cette raison, nous devons apprendre à discipliner notre

mental, l'entraîner à ne pas confondre les apparences extérieures qui sont fausses, mais plutôt à se tourner vers la
réalité, notre nature divine. Nous pouvons nous tourner vers
notre Je Suis et lui demander de se manifester à tout instant,
même dans les moments de grand trouble et de grandes
perturbations intérieures.

Nous pouvons demander à notre Je Suis, avant de nous
endormir, de résoudre toute situation conflictuelle, toute
situation qui nous semble sans issue. Notre être intérieur les
réglera sans faute et trouvera la solution la plus appropriée.
Lorsque nous nous sentons dépassés, remettons-nous-en à
notre divinité intérieure afin qu'elle solutionne, selon les
voies qui lui sont propres et qui sont toujours parfaites, les
situations troubles.

Si nous acceptons de mettre notre Je Suis aux commandes de notre vie, refusant d'intervenir avec notre mental,
notre raison, notre logique, nous laissons alors notre divinité
prendre les commandes. Nous sommes alors guidés vers les
personnes et les situations appropriées, et ce, sans effort et
comme par magie.

Les meilleures façons de hausser notre taux vibratoire
sont celles-ci: par le rire et par notre rayonnement intérieur.
Ce rayonnement intérieur provient du contentement. Lorsque nous reconnaissons qui nous sommes vraiment, lorsque
nous reconnaissons notre vraie valeur, nous créons des
situations extraordinaires, car nous donnons à notre Je Suis
sa juste valeur.

Par contre, il est juste de préciser que malgré notre désir
de demeurer en éveil, malgré notre volonté de nous en
remettre à notre Je Suis, malgré la discipline que nous pouvons imposer à notre mental, il nous arrivera tous, un jour
ou l'autre, tant que nous serons sur le plan physique, de
replonger dans l'hypnose collective. Être conscient, demeurer en éveil demande une grande vigilance. C'est un travail
de tous les instants.

❉

*Nous sommes dotés d'une extraordinaire
puissance, que nous en soyons conscients
ou non. Nous n'avons qu'à faire des
reproches à une personne pour la voir
s'assombrir aussitôt. Forcément,
nous accordons ce même pouvoir
aux autres et parfois, un seul commentaire,
une seule remarque suffit à nous dévaloriser.
Pour être libres, nous devons nous débarrasser
de tout jugement et apprendre à nous détacher
du regard des autres.*

❉

Le soleil peut être obscurci par un nuage, mais jamais il n'en est affecté. Le soleil est soleil et il brille en permanence, que nous le voulions ou non. Le nuage passe, tout simplement, et n'empêchera jamais l'astre solaire de dispenser ses rayons lumineux. De la même façon, notre Je Suis n'est jamais affecté par les perturbations extérieures. Il n'est affecté ni par la récession, ni par la déprime, la maladie ou un divorce. Il ne nous reste qu'à nous centrer sur notre Je Suis pour faire apparaître dans notre vie cette perfection.

Notre Je Suis est parfait en permanence, mais tant que nous persisterons à ignorer sa perfection en tournant notre regard vers l'extérieur et en délimitant notre réalité par nos sens, nous vivrons les montagnes russes sur le plan émotif. Notre vie ressemblera alors étrangement et dangereusement aux émotions que nous entretiendrons.

Il est essentiel de développer et d'amplifier notre lumière intérieure, car notre rayonnement est lié à notre magnétisme et à notre taux vibratoire. Ce sont justement ces aspects qui déterminent ce que nous attirons à nous, dans notre univers.

Les mots que nous utilisons ont une vibration et chacune de nos paroles nous code. Lorsque nous répétons toujours la même chose, nous nous retrouvons forcément un jour ou l'autre dans une situation similaire. À force de nous lamenter et de répéter que nous ne sommes pas chanceux, nous finissons par le manifester par notre taux vibratoire et par créer cette situation.

***Répétons inlassablement des mots qui ont un formidable pouvoir sur nos vies tels que jeunesse, beauté, pureté, divinité, perfection, abondance, prospérité, magnétisme.***

Nous pouvons créer un important magnétisme en répétant ces quelques mots. Ce sont des termes qui améliorent grandement notre vie, qui la rendent plus facile et qui nous permettent d'attirer de fort belles choses dans notre existence.

Nous attirons à nous des gens et des événements qui correspondent à notre magnétisme. Notre lumière intérieure nous permet d'attirer à nous tout ce que nous désirons. Nous devons devenir de plus en plus conscients de notre pouvoir d'attraction. Et demeurer conscients relève de notre entière responsabilité.

CHAPITRE 13

# *Notre destinée crée nos relations*

*L'amour inconditionnel,
c'est avoir le désir d'accepter
et de ressentir l'amour de Dieu
et d'exprimer notre gratitude
en restituant Son amour aux autres.*

*Docteur Gerald Jampolsky*

*N*ous avons vu précédemment que nous naissons à nos parents en vertu du taux vibratoire que nous avions au moment de naître. Par ce mécanisme, nous naissons quotidiennement en vertu des pensées que nous entretenons.

Au moment de nous incarner, nous étions d'accord, au niveau de l'âme, avec le cheminement que nous allions effectuer sur le plan terrestre. Nous avons approuvé au préalable toutes les situations que nous avons vécues avec nos parents. Ces derniers n'ont fait que jouer le scénario que nous avions écrit pour eux et qui correspondait à l'évolution qui était la plus appropriée pour nous. De la même façon, nos parents se sont donné l'enfant que nous étions.

*Lorsque nous effectuons un travail sur la conscience, nous n'avons plus à tenir nos parents responsables pour ce que nous avons vécu lorsque nous étions jeunes. Ainsi, nous n'avons plus à leur tenir rancune pour nos blessures de jadis.*

Il est donc normal de nous réconcilier avec eux dès que nous avons effectué un travail d'élargissement du champ de la conscience. Nous ne pouvons leur en vouloir puisqu'ils ont fidèlement joué le rôle déterminé par nous, pour notre bien.

Cela ne veut pas dire que nos parents aient raison et que nous ayons tort, car il n'y a ni bien ni mal, ni bonne ni mauvaise situation. Tout ce que nous avons vécu était approprié et nous a permis d'apprendre ce que nous avions choisi d'apprendre. Nous n'avons pas à condamner les gens pour leurs comportements ou leurs croyances car, en fait, tout ce que nous condamnons nous condamne et nous sommes dès lors directement reliés par des liens cosmiques à tout ce que nous condamnons. Par exemple, le jeune adulte qui blâme son père d'être alcoolique, se retrouvera un jour dans une situation similaire. Ou la fille qui désapprouve sa mère, qui la juge, car elle est, à son avis, abusée ou utilisée, se retrouvera souvent dans une situation semblable.

Ainsi, si nous ne voulons pas nous retrouver dans une situation que nous ne voulons pas vivre, nous devons laisser vivre les autres sans jugement et sans condamnation. Le jour où nous cessons de juger les autres, c'est que nous avons cessé de nous juger sévèrement nous-mêmes. Nous ne passons jamais à côté des situations que nous condamnons. Au contraire, nous nous dirigeons droit dessus, comme si elles nous attiraient comme un aimant.

Lorsque nous bénissons les gens qui nous entourent, nous réveillons le potentiel de notre être infini. Nous sommes faits pour vivre dans un univers infini, mais nous nous restreignons par nos pensées limitantes qui rétrécissent le champ de notre conscience. Et lorsque nous pensons petit, nous souffrons.

Bénir est essentiel. Nous pouvons nous bénir, bénir la personne que nous aimons le plus tendrement, nos enfants, nos petits-enfants, les membres de notre famille, nos amis, notre patron, nos compagnons de travail, et j'en passe. Nous pouvons aussi bénir les personnes qui nous ont blessés, les entourer de lumière et leur souhaiter ce qu'il y a de mieux.

Lorsque nous bénissons une personne, celle-ci n'a plus de pouvoir sur nous, comme si la bénédiction était une arme solide et infaillible contre la méchanceté et la bêtise. Celui qui nous veut du mal est désarmé et ne peut plus nous atteindre lorsque nous le bénissons.

Nos pensées nous marquent avant de marquer les autres, ne l'oublions pas. Lorsque nous enveloppons quelqu'un de lumière, nous ne faisons pas que lui rendre service, nous nous rendons service au même moment. Bénir est en effet une façon de nous offrir un cadeau en empêchant celui qui s'acharne contre nous de pénétrer dans notre champ vibratoire. Nous dégageons alors une telle intensité lumineuse que l'autre n'a plus accès à notre vie, comme si nous étions entourés d'une clôture de lumière.

*Lorsque nous reconnaissons notre véritable identité, lorsque nous développons notre capacité à faire place à notre Je Suis et que nous lui donnons de l'importance, nous attirons à nous, dans notre univers, des amis, des compagnons et compagnes de travail en harmonie avec ce que nous sommes.*

Notre vraie famille, ce n'est pas nos parents, nos frères et sœurs mais bien ceux qui partagent la même qualité de pensée que nous. Les gens qui partagent les mêmes pensées que nous sont les vrais membres de notre famille, de notre famille au niveau de l'esprit.

S'il y a tant de séparations et de divorces actuellement, c'est que nous sommes presque tous porteurs d'une déficience de l'*animus* (agressivité, force) pour les femmes ou de l'*anima* (âme, souffle) pour les hommes. De fait, nous n'avons pas encore appris à nous compléter de l'intérieur et cherchons toujours la compagne ou le compagnon de vie idéal, alors qu'il faudrait au départ que nous soyons complets et autonomes par nous-mêmes.

143

Être complet veut tout simplement dire développer l'énergie du parent du sexe opposé. Enfant, un garçon a besoin de développer l'énergie de son père, mais il a également besoin de développer l'énergie de sa mère. Dans le cas contraire, une fois devenu adulte, l'enfant mâle aura tendance à manifester des comportements macho, puisqu'il sera constamment en conflit avec cette énergie. Il lui faut donc intégrer la douceur, la tendresse, la sensibilité de la femme. Le principe est le même pour la femme. Si elle n'intègre pas l'énergie du père, elle deviendra, dans bien des cas, bavarde. Elle tentera ainsi de combler un vide intérieur et de se prouver qu'elle est quelqu'un en déblatérant constamment sur les gens qui l'entourent.

Lorsque nous sommes en présence d'une femme qui est friande de potins et de racontars et qui aime par-dessus tout briser la réputation des gens, nous pouvons être certains que nous avons affaire à une personne qui tente de dissimuler sa déficience de l'*animus*. Lorsque nous avons affaire à un macho, rappelons-nous que nous sommes en présence de quelqu'un qui souffre d'une déficience de l'*anima* et qui n'a pas intégré la sensibilité de la femme.

Nous sommes tous complets et autonomes, mais notre éducation a souvent favorisé certaines déficiences. Nous devons retrouver notre unité, équilibrer notre yin et notre yang, notre femme et notre homme intérieurs.

Tant que nous ne sommes pas complets par nous-mêmes, nous cherchons à nous compléter par le dehors. Lorsqu'une femme n'a pas intégré son *animus*, elle est constamment à la recherche de son père dans une relation amoureuse. De la même manière, lorsqu'un homme n'a pas intégré son *anima*, il cherche en permanence une mère plutôt qu'une compagne de vie.

Ces déficiences sont largement répandues. D'ailleurs, c'est pourquoi beaucoup de partenaires au Québec s'appellent entre eux Papa et Maman. Ces expressions ne sont pas le fruit du hasard, elles sont plutôt très révélatrices sur la nature de la relation...

Lorsque nous croyons que notre conjoint est notre «moitié», nous prêtons foi à une aberration répandue: nous ne sommes individuellement que des moitiés qui cherchent à se compléter et à former un tout en s'alliant à un membre du sexe opposé.

Lorsque nous avons le sentiment d'être incomplets, nous vivons un grand désarroi lorsque l'autre nous quitte. Quand cette situation terrifiante se présente, le sentiment de ne pas être complets nous force à nous jeter dans une nouvelle relation et à chercher encore et encore à l'extérieur de nous la «personne idéale» pour nous compléter.

Si nous reconnaissons que nous sommes des êtres complets, entiers et autonomes, les gens qui se joignent à nous pour une période plus ou moins longue deviennent alors de merveilleux cadeaux, de fabuleux suppléments dans notre vie et non des compléments.

Conscients d'être complets, nous pouvons alors aimer une autre personne non pas par exigence mais par préférence. Cela nous permet de ne plus aller vers les autres par besoin, mais plutôt par plaisir. Ne pas nous sentir obligé d'être avec quelqu'un pour vivre en sécurité, c'est tellement merveilleux. En fait, l'aventure peut être très intéressante lorsque nous reconnaissons que ce que nous aimons des autres, c'est la divinité qui les habite. Cette divinité que nous reconnaissons et qui nous attire.

Nos relations amoureuses seront désastreuses tant que nous n'admettrons pas que nous souffrons d'une déficience de l'*animus* ou de l'*anima*. Ce constat et cette admission sont indispensables à notre bonheur amoureux.

Nous devrions jeter sur nos relations passées un regard indulgent et nous dire que nous avons chacun notre responsabilité dans le fait que nos unions ne se sont pas poursuivies. Pourquoi ne pas garder une bonne opinion de ceux et celles que nous avons jadis aimés? Nous ne sommes peut-être plus faits pour vivre ensemble sous le même toit et partager une grande histoire d'amour, mais qu'est-ce qui nous empêche de conserver une belle relation avec nos ex-conjoints?

*Le premier modèle d'homme pour une femme,
c'est son père. Le premier modèle de femme
pour un homme, c'est sa mère. Toutes nos relations
amoureuses sont calquées à partir de cette relation
que nous avons entretenue dans l'enfance
avec le parent de sexe opposé.*

Carl Jung, qui a traité plus de 5000 hommes et femmes dans son cabinet de consultation, disait que lorsqu'il recevait en thérapie un homme qui éprouvait différents problèmes, il lui posait une première question avant même que son client n'ouvre la bouche: «Quelle était votre relation avec votre mère?» À partir de sa réponse, il connaissait ses relations amoureuses, car elles reproduisaient la relation avec la mère.

Les hommes ont, à l'intérieur d'eux mêmes, 51 p. 100 d'énergie masculine et 49 p. 100 d'énergie féminine. Pour les femmes, c'est l'inverse. Lorsque nous parlons d'énergie, nous parlons aussi d'hormones. Pour être complets par nous-mêmes, il nous faut réveiller le potentiel de l'homme si nous sommes une femme et le potentiel de la femme si nous sommes un homme.

Certains hommes, arrivés à l'âge adulte, sont tout à fait mâles mais habités d'une belle douceur, sans être efféminés pour autant. Ces hommes vous diront qu'ils ont vécu une excellente relation avec leur mère, qu'elles les a pris dans ses bras, qu'ils ne se sont pas sentis brimés dans leurs sentiments et dans leurs larmes.

146

Certaines femmes, rendues à l'âge adulte, ont un bon jugement. Elles ont confiance en elles, possèdent une belle image d'elles-mêmes et n'attendent pas les compliments de leur conjoint pour connaître leur valeur. Ces femmes peuvent généralement témoigner de leur belle relation avec leur paternel.

Lorsque nous sommes au sein d'une relation amoureuse qui fonctionne plutôt mal, rien ne sert d'accuser notre partenaire. Il nous faut effectuer un travail sur nous-mêmes pour voir la situation se transformer. Le véritable mariage est consacré dans le cœur des amoureux. Ce n'est pas un contrat qui peut faire la différence! Certains disent qu'être deux, c'est parfois faire des concessions et qu'il nous faut mettre, comme le veut le proverbe, de l'eau dans notre vin. À ceux-là, je dis: attention de ne pas vous retrouver avec que de l'eau dans votre coupe!

❋

*Lorsque nous faisons des concessions,
nous oublions qui nous sommes vraiment,
nous oublions notre véritable nature.
Dès lors, tranquillement mais sûrement,
nous donnons plus d'importance à l'autre
qu'à nous-mêmes. Puis un jour, nous
réalisons que notre univers... c'est l'autre.*

❋

Ce n'est pas égoïste de prendre soin de soi dans une relation amoureuse. Il nous faut nous aimer et nous respecter suffisamment afin de nous appartenir, afin de conserver notre personnalité tout en continuant d'aimer notre conjoint.

Lorsque nous sommes en relation avec une personne qui s'aime, qui respecte notre liberté et qui n'est pas constamment accrochée à nous afin que nous la rassurions, nous pouvons nous épanouir dans cette union, vivre dans la confiance et être libres.

147

Lorsqu'une personne ne nous pose pas de questions, nous avons étrangement le goût de tout lui dire. Nous pouvons alors être vrais, transparents, aller au bout de nos opinions, sans nécessairement être d'accord, mais en nous donnant la permission d'être qui nous sommes et en nous assumant sans peur.

Comme le dit si bien Charles Fourier, «les attractions humaines sont proportionnelles aux destinées». Ce n'est jamais le fruit du hasard que nous nous retrouvions avec quelqu'un. Nous devions apprendre à ses côtés. Rien n'est inutile, rien n'est vain. Parfois, nous nous acharnons à vouloir poursuivre une relation mais parallèlement, l'expérience que nous avions à vivre est bel et bien terminée...

Nous ne pouvons pas retourner en arrière et renouer avec une personne lorsque la relation est terminée. C'est comme si quelque chose s'était rompu et que nous n'avions plus aucun motif d'être là. Nous avions à effectuer un bout de chemin avec cette personne et lorsque ce cheminement est accompli, une page est tournée, irrémédiablement.

Il faut être heureux pour aimer. Nous croyons parfois, à tort, qu'il nous faut rencontrer quelqu'un pour devenir heureux par la suite. Rien n'est plus faux. Être amoureux ne nous permet pas de connaître le bonheur! En vérité, le bonheur intérieur doit précéder la relation amoureuse, car l'autre ne pourra jamais nous rendre plus heureux que nous le sommes présentement.

*L'autre n'a rien à voir avec notre bonheur.*
*Lorsque nous sommes complets et autonomes,*
*nous ne nous fions pas à notre conjoint pour être*
*heureux ou malheureux. Malheureusement,*
*c'est sur le plan amoureux que nous pouvons*
*être le plus rapidement et le plus*
*facilement décentrés.*

❉

Lorsque nous effectuons une démarche spirituelle, nous avons parfois le sentiment que notre vie s'améliore, que tout va bien, que nous avançons avec assurance dans l'existence. Puis, tout à coup, un simple coup de fil de notre conjoint vient nous bouleverser pendant des jours! Ces événements nous aident à remettre les choses en perspective... Effectivement, nous pouvons régulièrement constater à quel point nous pouvons facilement être décentrés.

Les problèmes auxquels nous sommes confrontés en relation de couple ne sont en fait que des problèmes que nous vivons au niveau individuel. C'est pour cette raison que nous nous retrouvons constamment dans le même type de relation lorsque nous changeons de partenaire amoureux.

Nous pouvons nous constituer un père ou une mère dans nos pensées tel que nous l'aurions voulu, un parent avec lequel échanger, auquel nous confier. Parallèlement, nous pouvons bénir notre *animus* ou notre *anima*, l'énergie de notre père ou de notre mère. Cela contribuera à améliorer notre relation avec nous-mêmes et avec les autres, particulièrement avec notre conjoint.

Le docteur Christian Tal Scaller, que nous appelons aussi communément le docteur Soleil, s'est rendu compte à l'âge de 30 ans précisément qu'il n'avait pas intégré totalement l'énergie de sa mère. Il avait été rejeté par ses parents et sa mère ne partageait pas ses opinions. Il connaissait avec elle des démêlés à n'en plus finir.

Il vit donc qu'il portait en lui une déficience de l'*anima*. C'est ainsi qu'il choisit d'effectuer un merveilleux travail sur lui-même. Il explique, dans un ouvrage qu'il a écrit, comment il a effectué son cheminement. Selon lui, un homme déficient de l'*anima* est plutôt intellectuel, macho et peu réceptif, centré sur son «je, me, moi». Une femme déficiente de l'*animus*, quant à elle, manque de confiance, se sent insécurisée et témoigne parfois d'un jugement incertain.

Dès que nous cherchons à nous fuir, à nous évader dans un monde d'illusions – que ce soit par le biais de l'alimentation, du sucre, du magasinage, de l'alcool, des drogues, du sexe, des relations amoureuses, etc. – c'est que nous avons des carences émotionnelles à combler.

Au lieu d'effectuer un travail de conscience et d'harmonie nécessaire, nous utilisons des substituts qui sont toujours éphémères et qui ne servent à rien. Ces problèmes sont significatifs et révélateurs des carences affectives que nous cherchons à combler de l'extérieur.

Aimer quelqu'un plus que soi-même, c'est tenter désespérément de se compléter, de combler ses besoins de l'extérieur. Dans ces moments, nous sommes toujours en déséquilibre, car nous savons pertinemment bien que l'autre peut partir n'importe quand... et nous laisser livrés à nous-mêmes.

*Lorsque nous nous sentons complets et autonomes,*
*nous pouvons aimer vraiment, sincèrement,*
*tendrement. Dans ces conditions,*
*si l'autre partait, nous quittait,*
*ce ne serait pas la fin du monde.*

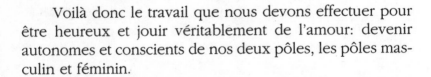

Voilà donc le travail que nous devons effectuer pour être heureux et jouir véritablement de l'amour: devenir autonomes et conscients de nos deux pôles, les pôles masculin et féminin.

# CHAPITRE 14

# Être conscient: l'ultime royaume en nous

*C'est sur soi-même qu'il faut œuvrer, c'est en soi-même qu'il faut chercher.*

*Paracelse*

*J*ésus disait, en d'autres mots, qu'il nous fallait découvrir le royaume des cieux en nous et que tout le reste nous serait donné par surcroît. Je crois que c'est vrai, mais je dis les choses autrement: découvrez le royaume de la conscience et tout le reste viendra à vous par surcroît.

À la lumière de ces affirmations, nous constatons que ce n'est pas dans l'action que se situe la clé de la réussite pour tout projet, mais que c'est plutôt par la conscience que nous faisons arriver les choses, que nous attirons les gens, que nous déterminons la qualité des événements.

*Pour être en mesure d'intégrer un enseignement, il faut être conscient. Être conscient, c'est admettre la grâce du momentum, c'est-à-dire que toute expérience est bonne et ne survient que pour nous permettre un certain apprentissage dont le but est l'évolution.*

Exprimer le plan divin dans notre vie n'est pas toujours facile. Le plan divin comporte son lot d'expériences tantôt aisées, tantôt difficiles, ses occasions d'apprentissage et d'éveil.

Tout ce que nous expérimentons fait partie du plan divin que nous nous sommes nous-mêmes donné avant de nous incarner sur terre. Rien ne sert d'accuser les autres pour ce qu'ils nous font vivre. La conscience nous apprend à voir les choses différemment, à assumer notre responsabilité, à entrevoir l'existence dans une autre perspective.

*Lorsque nous devenons pleinement conscients de notre être infini, nous rayonnons avec un tel magnétisme, nous dégageons un tel rayonnement que nous anéantissons tous les problèmes sans même avoir à chercher de solutions.*

Chaque fois que nous aimons quelqu'un, nous pouvons admettre, si nous vivons comme un être éveillé, que nous n'aimons pas cette personne par hasard. Souvent, elle ne correspond même pas aux critères que nous avions établis dans notre quête du partenaire idéal. Comment se fait-il que nous soyons attirés par une personne précise ? À la lumière de notre conscience, nous découvrons que c'est la divinité intérieure de cette personne qui nous a inspirés et attirés à elle.

Nous n'arriverons jamais à faire l'unité si nous ne travaillons pas au niveau spirituel. Il nous faut faire l'unité en nous-mêmes, au niveau de l'être infini, là où nous sommes tous interreliés. Par le biais de nos relations, nous pouvons nous reconnaître, mais aussi reconnaître la divinité qui habite ceux et celles que nous aimons et qui nous habite. Puis, avec un peu d'entraînement, nous pouvons élargir notre regard et reconnaître cette même divinité partout où nos yeux se posent.

Le *momentum*, c'est cette certitude qui nous fait comprendre que tout arrive de manière parfaite au moment parfait. Lorsque nous demeurons centrés dans notre noyau d'être, nous nous dirigeons toujours vers les expériences et les gens adéquats car, sur le plan vibratoire, ils ressemblent à la présence qui nous habite.

La plupart du temps, lorsque nous nous sentons agressés, nous oublions nos beaux principes et notre divinité! Nous répliquons alors avec agressivité et tentons de rendre œil pour œil et dent pour dent. Puis, à force de développer ce sentiment d'être fils et filles de lumière, nous arrivons à communiquer ce que nous ressentons, mais d'une manière totalement dépourvue d'agressivité. Cette façon d'agir nous permet de nous libérer au fur et à mesure des choses qui ne nous appartiennent pas, sans toutefois causer préjudice à qui que ce soit.

❋

*Lorsque nous nous sentons coincés
dans des circonstances difficiles,
lorsque nous nous sentons agressés
par quelqu'un, nous pouvons répéter
intérieurement pour la situation ou la personne:
«Je te bénis avec amour, je te libère
et je te laisse aller vers ton plus grand bien.»*

❋

Lorsque nous pensons à quelqu'un qui nous a fait des misères, nous pouvons répéter cette formule et le bénir avec amour afin qu'il n'ait plus d'emprise sur nous. Bénir et libérer quelqu'un qui nous veut du mal est la plus extraordinaire et la plus efficace libération qui soit.

\* \* \*

Lorsque nous portons des vêtemens qui nous semblent désuets parce que n'avons pas les moyens de nous en acheter des neufs, nous pouvons leur donner un attrait divin. Puisque l'amour divin prend vie en nous, nous pouvons décréter, en portant le vêtement, que l'amour divin prend vie dans ce vêtement. Étrangement, à partir de ce moment, des gens nous complimenteront assurément sur notre tenue.

Dans tous les domaines de notre vie, nous pouvons être conscients de ce qui est et transmuter toute situation ou tout objet avec notre pouvoir divin. Nous pouvons canaliser les énergies et transformer en lumière tout ce qui était obscur.

Si nous avons le sentiment de porter des guenilles, les gens sentiront cette vibration et nous trouveront misérables par le fait même. À l'inverse, si nous adoptons une attitude de gens prospères, de gens vivant dans l'abondance, les personnes que nous croiserons le reconnaîtront aussi. Nous devons, pour cela, hausser notre taux vibratoire. En toute circonstance, c'est la personne qui porte le vêtement qui fait la différence, pas l'inverse.

\* \* \*

La conscience nous amène à un éveil à tous les niveaux de notre existence. Elle nous incite aussi à découvrir que nous n'avons pas à pardonner à qui que ce soit d'avoir été ce qu'il a été dans notre vie. Bien au contraire! Nous nous sommes donné tous les gens qui ont fait partie de notre existence jusqu'à ce jour, nous avons choisi de leur distribuer un rôle dans notre scénario et nous n'avons donc pas à leur en vouloir.

Le plan divin de notre vie, c'est un casse-tête réalisé dans sa totalité. Pendant que nous y travaillons par contre, nous pouvons avoir le sentiment qu'il manque une pièce, mais en cours de route, le plan se dessine avec de plus en plus de précision. En ce sens, toutes les pièces ont leur importance afin de former la superbe mosaïque qu'est notre vie. Chaque expérience, même la plus moche, la plus difficile à traverser, n'est pas vécue en vain.

Le mental, qui est particulièrement négatif, nous fait percevoir tous les aspects de l'existence sous cet angle, comme si chaque événement passé ou à venir était mauvais. Être conscient, c'est apprendre à décloisonner tous les compartiments du mental.

Si nous restons ancrés avec confiance dans l'ici et maintenant, nous pouvons vivre intensément, nous nous sentons présents à la Vie et unifiés. Nous savons rire quand vient le moment de rire, pleurer lorsque nous avons envie de pleurer et nous continuons de nous aimer même lorsque nous pleurons. Les larmes ne sont jamais négatives. Elles permettent un soulagement nécessaire et important pour notre équilibre physique, mental et spirituel.

À l'aube de l'an 2000, nous connaîtrons une ouverture du champ de la conscience, une ouverture du cœur. Nous apprendrons à vivre plus librement et à appliquer ces philosophies dans nos vies, d'une manière concrète. Nous ne pourrons plus penser comme avant et nous ne voudrons plus jamais retourner en arrière. Nous serons de mieux en mieux, de plus en plus en paix.

Les enfants, quels qu'en soient les parents biologiques, seront nos enfants. Nous connaîtrons des familles élargies. Les enfants appartiendront aux familles entières et non plus aux parents. Nous serons plusieurs à participer à leur éducation, nous serons nombreux à payer leurs dépenses, leurs vêtements de même que les frais de leur éducation. Nous ne vivrons plus dans des familles fermées sur elles-mêmes, mais étendues, élargies.

*En tant que parents, nous pouvons soutenir les jeunes en leur permettant de vivre leurs expériences, en faisant confiance au Je Suis qui réside en eux et qui les guide, et en les bénissant afin de nous en détacher émotionnellement.*

Plus nous nous permettons de vivre librement, plus nous nous installons dans ce champ de lumière où n'existent plus de jugements, de notions de bien et de mal, mais où ne subsiste que cette vérité qui affranchit. Cette liberté qui nous rend libres va toujours dans le sens de ce que notre cœur nous dicte. Il n'y a que nous qui savons quelle est la meilleure voie pour nous, quel est le meilleur sentier à suivre pour notre bien-être.

La conscience permet de délier ce qui est lié à l'intérieur. Nous pouvons demander à notre conscience de libérer l'énergie en amour inconditionnel. Si, par exemple, nous en voulons à quelqu'un qui nous a fait souffrir par le passé, nous pouvons écrire une lettre avec authenticité puis, sans même l'expédier, la brûler, la jeter en demandant à notre conscience de libérer l'énergie en amour inconditionnel.

❋

*Nous pouvons, en tout temps et en toute circonstance, transmuter nos sentiments en amour inconditionnel, car nous possédons ce merveilleux pouvoir, ce pouvoir divin.*

❋

Nous sommes les maîtres de notre vie et c'est à nous de nous rendre maîtres de celle-ci. Nous pourrions, si nous le voulions vraiment, maîtriser toute situation. À nous de le reconnaître, de l'assumer et de mettre cette vérité en action.

# CHAPITRE 15

# L'importance de s'aimer

*Vous êtes rare, vous êtes unique,*
*vous êtes la création d'une évolution*
*qui dure depuis le début des temps.*
*Jamais parmi tous ceux qui ont vécu sur notre planète,*
*il n'y a eu quelqu'un de comparable à vous.*
*Jamais, jusqu'à la fin de notre monde,*
*il n'y aura quelqu'un de semblable à vous.*

*Michel Poulin*

Nous ne pouvons aimer les autres mieux que nous nous aimons nous-mêmes. Nous aimons les autres de la même façon que nous nous aimons. Pour cette raison, puisque l'amour part de nous, nous devons apprendre à faire grandir cet amour et ce respect que nous avons de nous-mêmes.

Nous devons aussi apprendre à neutraliser notre passé pour nous permettre de vivre des relations dans l'amour. Bien sûr, nous avons tous été marqués par certains événements. Plutôt que de les voir de façon négative, souvenons-nous qu'ils nous ont aidés à grandir et à nous épanouir.

Le travail que nous faisons sur nous-mêmes nous amène à un plus grand rayonnement, comme cette loi physique qui a prouvé que la force du soleil lui vient de sa concentration sur lui-même. Notre force de rayonnement nous vient également de notre force de concentration sur nous-mêmes. Plus nous nous rappelons qui nous sommes, plus nous devenons lumineux.

Le rappel de soi favorise l'amour de soi. Nous n'avons pas appris à penser sainement à nous; au contraire, nous avons appris à nous oublier, à passer en dernier, à ne pas nous consacrer temps, énergie et amour. Il était mauvais de penser à soi, de faire preuve de générosité à notre égard. L'amour de soi a presque toujours été perçu comme égoïste. L'ouverture du champ de la conscience nous amène à voir les choses autrement et nous fait découvrir que jamais, nous ne nous aimerons trop.

Notre paix intérieure nous appartient et n'a rien à voir avec les circonstances extérieures ni avec le jugement que les autres portent sur nous. Nous aimer véritablement, c'est nous estimer davantage, plus que tous les autres et en dépit de tout ce que les autres pensent de nous. Nous devons apprendre à nous aimer pour tous ceux et celles qui ne s'aiment pas, pour ceux et celles qui ne nous aiment pas.

❉

*Pour des raisons évidentes,*
*je préfère m'aimer*
*lorsque personne ne m'aime,*
*que ne pas m'aimer*
*alors que tout le monde m'aime.*

❉

Nos erreurs nous servent, nous instruisent et nous amènent dans des culs-de-sac révélateurs. Nos problèmes sont des sources d'information, des mines de renseignements très utiles. Car bien souvent, les difficultés nous permettent de décloisonner le mental et d'élargir notre conscience.

Nous devons apprendre à déployer notre lumière, c'est-à-dire être conscients de plus en plus de chaque geste que nous faisons au quotidien afin que rien ne soit sans intérêt, sans importance ou dépourvu de sens. Tout a sa raison d'être, tout est significatif.

Chacun des événements qui se produisent dans notre vie nous permet un réveil spirituel. Il favorise notre épanouissement et nous aide à sortir de la torpeur dans laquelle nous nous trouvons la plupart du temps. Voilà ce à quoi nous devrions consacrer nos énergies: nous tirer du sommeil de tout ce qui est machinal, quitter l'hypnose collective.

L'être infini ne peut grandir et s'épanouir au sein d'un individu qui se comporte comme une machine. Nous devons revenir à notre véritable nature, à notre Je Suis, à notre conscience divine qui nous guide à chaque instant, en toute circonstance. Travaillons à l'intérieur de nous-mêmes. C'est l'intérieur qui invite l'extérieur à exister et qui le transforme. Le désordre intérieur crée nécessairement le désordre extérieur. De la même manière, l'ordre intérieur crée l'ordre extérieur.

Tout commence par soi-même, même nos relations amoureuses ou amicales. Si nous essayons d'aimer les autres en nous oubliant, nous vivons dans la dysharmonie, dans le déséquilibre. Commençons par nous aimer d'abord, nous saurons aimer les autres ensuite et ils nous le rendront bien.

Tout amour hors de soi est voué à la misère si nous ne comprenons pas d'abord et avant tout qu'il nous faut développer une relation de qualité avec nous-mêmes. C'est la nature de cette relation qui nous mènera par la suite à une compréhension, à une harmonie et à une paix dans nos liens affectifs. Tout part de soi. L'amour de soi se veut le point de départ de toute intimité avec les autres. Si nous sommes constamment divisés, nous connaîtrons la confusion. Jésus disait: «Tout royaume divisé périt.» Il en est de même de nous.

*Nous sentir humains,
c'est nous sentir divisés,
séparés des autres. Nous sentir divins,
c'est nous sentir unifiés.
Nous y arrivons lorsque
nous comprenons cette fascinante vérité:
notre moi infini ne nous sépare jamais
de quiconque, car nous sommes tous
unis depuis toujours et pour l'éternité.*

Les dépendances à l'égard des autres nous font souffrir. Lorsque ces dépendances grandissent, l'amour décroît. Inversement, lorsque les dépendances décroissent, l'amour grandit. Les drogues, l'alcool, la cigarette, le café, le sucre sont des produits qui nous invitent à combler temporairement des carences affectives. La nourriture ingurgitée en trop grande abondance ou de manière insuffisante est aussi un symptôme de désordre émotif.

Ces conditions nous rappellent constamment que nous avons un travail d'éveil à effectuer, un travail de conscience, d'harmonie. Elles sont là pour nous signaler constamment que le travail n'est pas encore tout à fait accompli, qu'il nous reste du chemin à parcourir.

Un être accompli, parfait, réalisé n'abaissera jamais un autre individu. Lorsque nous faisons place à la divinité en nous, nous n'abaissons, ne jugeons, ne condamnons personne. Lorsque nous sommes pleins de vie divine, nous refusons de parler de difficultés, nous recherchons plutôt la présence de gens qui nous élèvent, non pas celle de gens qui abaissent nos vibrations.

Devenir conscients, c'est aussi refuser d'entretenir les parasites dans notre vie. L'amour de soi n'autorise pas ces choses inutiles et négatives. Cette façon d'entrevoir la vie peut sembler égoïste pour certains. Pourtant, le but ultime de notre existence est d'apprendre à nous aimer. Comment pouvons-nous le faire en supportant dans notre entourage des gens qui nous sabotent parce qu'ils ne s'aiment pas? Le manque d'amour pour soi est à la base de bien des drames: dépression, suicide, etc. Si nous nous aimions vraiment, nous n'aurions jamais besoin de consulter un psychologue ou un psychiatre!

Aussi grande que soit la lumière en nous, nous pouvons toujours la faire grandir encore et encore. Cette lumière, c'est notre ultime pouvoir divin qui nous rappelle que nous sommes Dieu. Nous devons nous en rappeler en permanence afin que chaque pensée et que chaque geste soit à la hauteur.

Il faut savoir reconnaître humblement ce que nous sommes tout en restant fiers de nous. Bien sûr, nous aurions tous quelque chose à nous reprocher, mais nous devons apprendre à nous aimer en dépit de nos lacunes. Il nous faut nous débarrasser du jugement sévère que nous portons sur nous. Il ne nous mène nulle part. Apprenons à nous aimer maintenant, tels que nous sommes.

*La rancune nous mène toujours à la vengeance.*
*Rancune et vengeance se rencontrent*
*chez des gens perturbés. L'être libéré est conscient*
*de tous les gestes qu'il fait, de toutes les*
*pensées qu'il entretient. De plus,*
*il sait qu'il s'est donné tous ceux qui*
*sont dans sa vie, qu'il a attiré à*
*lui des gens correspondants à ses vibrations.*

Nous sommes toujours sous le sceau de cette balance cosmique qui se charge de nous donner le salaire de nos vibrations. Rien de plus, rien de moins. Tout ce qui nous revient est notre amour et notre lumière, ou notre manque d'amour et de lumière. Plus nous déployons le champ de notre conscience, moins nous souffrons, car plus nous générons lumière et amour dans nos vies.

Sous l'impact de la souffrance, la conscience se referme. Lorsqu'un problème occupe le champ de notre conscience, nous oublions le reste et sommes dès lors prisonniers. Nos problèmes nous mènent dans une prison intérieure dont nous pouvons nous libérer si nous le désirons. Nous y arrivons en élargissant notre conscience, en dégageant notre lumière. C'est ainsi que nous donnons aux problèmes leur vraie dimension: dans l'éternité, ils ont la valeur d'un grain de sable...

À l'image de l'escargot qui véhicule sa maison, nous pouvons nous aussi tout trouver en nous, car nous sommes inépuisables de ressources. Notre Je Suis est la source de tout et possède toutes les solutions à nos problèmes.

Pour faire grandir notre sécurité, nous devons entrer en contact avec notre être profond qui génère en nous la confiance. La sécurité et l'insécurité ne nous viennent pas de l'extérieur. C'est notre manque de profondeur, de contact avec la source qui nous insécurise.

L'amour de soi est indispensable. S'aimer soi-même produit le même enthousiasme que produit l'amour que nous éprouvons pour les autres... sauf que nous, nous ne nous quitterons jamais. Cet amour pour nous, c'est un amour que nous pouvons établir pour la vie. Pour cette raison, il nous faut prendre soin de notre relation avec nous-mêmes.

Louise L. Hay, auteure, chef de file du mouvement Nouvel Âge américain, conférencière, a défini dix façons de s'aimer soi-même. Je vous les résume ici.

1. Cesser toute critique envers nous.
2. Arrêter de nous faire peur. Avoir cette capacité de nous rassurer nous-mêmes.
3. Être indulgents et patients envers nous-mêmes.
4. Méditer quotidiennement, visualiser des résultats optimistes.
5. Traiter notre esprit avec douceur.
6. Nous féliciter, aimer notre corps. Nous aimer et nous apprécier nous-mêmes.
7. Aimer notre négativité, l'accepter. Nous tentons de changer, mais parfois sans succès.
8. Prendre soin de notre corps.
9. Devant le miroir, nous dire que nous nous aimons.
10. Nous aimer, maintenant.

La tonalité de la pensée produit les événements du quotidien. Que pensons-nous à cœur de jour? À quoi donnons-nous de l'importance? Aux malheurs, aux mauvaises nouvelles, à la pitié? Accordons-nous plus de temps aux choses positives? À la bonne humeur, à l'enthousiasme, à la joie de vivre, à l'amour? Regardons notre vie, elle est à l'image de la qualité de pensées que nous entretenons à cœur de jour.

Lorsque nous commençons à effectuer un certain ménage au niveau de notre vie, étrangement, les médias nous attirent de moins en moins. Les bulletins de nouvelles ne sont plus indispensables. Évidemment, comme nous cherchons à nous donner une certaine qualité de vie, nous évitons les sources de mauvaises nouvelles et d'idées déprimantes. Ce ménage nous force, à notre insu, à délaisser les activités négatives pour choisir celles qui nous rappellent à nous-mêmes, qui nous permettent de grandir.

Nous devons porter en nous le sentiment d'être dignes d'être aimés, ou du moins le développer de plus en plus. Nous devons apprendre à nous aimer inconditionnellement, à nous aimer profondément, intégralement physiquement, mentalement et spirituellement. Et forcément, les autres nous aimeront aussi.

*Nous allons vers les problèmes*
*pour les investir de notre lumière*
*et nous en repaître.*
*Les problèmes ne sont jamais négatifs,*
*ils sont d'extraordinaires sources*
*d'information à notre sujet.*

Dans l'existence, il existe trois poisons particulièrement nocifs: résister, ignorer, s'accrocher. Le lâcher-prise est donc une clé indispensable au bonheur. Il faut aussi apprendre à dire oui à la Vie et à ce qu'elle nous réserve. L'acceptation dénoue l'événement. De toute façon, tout dans la Vie est éphémère, tout passe, tout se consume, alors pourquoi tenter de retenir les choses? Pourquoi tenter d'aller à contre-courant de l'existence?

La puissance pour moi n'est pas une démonstration théâtrale, mais plutôt cette certitude infinie de confiance absolue devant un événement, quel qu'il soit. Nous aimer demande de ne pas entretenir de rancunes, de haines, de mauvaises pensées à notre égard ou à l'égard des autres.

Dans un de ses ouvrages, le docteur Christian Tal Schaller donne une fort bonne technique pour éliminer les émotions négatives. Pour ce faire, nous devons nous installer dans le bain en tamisant la lumière ou en la fermant complètement. Nous pouvons prévoir une agréable mise en scène: faire brûler une bougie, parfumer l'eau du bain avec quelques gouttes d'huile essentielle, etc.

Si nous avons un litige à régler avec quelqu'un, nous pouvons, en pensée, l'inviter à prendre place dans notre bain, de façon symbolique, bien sûr! Lorsque la personne a accepté notre offre et qu'elle s'est installée dans le bain en face de nous, nous lui sourions et nous la regardons nous sourire. Puis, sans retenue aucune, nous lui disons tout ce que nous avons à lui raconter sans nous censurer. Nous lui expliquons que nous lui pardonnons tout ce qu'elle a fait et dit puis, lorsque nous avons enfin vidé tout notre sac, nous la remercions de nous avoir écouté. Nous l'enveloppons d'amour et de lumière et nous nous enveloppons de la même manière.

J'ai souvent fait allusion à la transmutation qui permet de prendre une condition misérable afin de la convertir en lumière. Voilà une fort belle technique qui le permet. L'amour ne lie pas, il libère. L'amour n'est pas une prison, mais une bénédiction.

Plus nous investissons du temps pour mieux nous aimer, plus nous arrivons à aller vers les autres, non pas par besoin mais par plaisir. Toutes nos pensées d'autodestruction, tous les manques d'amour que nous ressentons envers nous-mêmes créent ce besoin des autres. L'amour de nous-mêmes nous en libère d'une manière fort douce et efficace.

168

Nous pouvons devenir amoureux de la lumière divine, de notre propre lumière qui scintille jour et nuit, sans relâche. Lorsque nous percevons notre lumière spirituelle, nous l'aimons d'amour. Ainsi, nous n'avons plus besoin de quoi que ce soit d'autre puisque nous sommes comblés sur tous les plans.

Modifier notre taux vibratoire à la hausse, intensifier notre lumière nous permet de nous débarrasser du besoin des autres. Nous souffrons parce que notre conscience est étroite et que nous sortons de nous-mêmes afin d'aller vers les autres par besoin d'être nourris par eux. Et nous entretenons cette illusion. Pourtant, la vérité veut que notre Je Suis nous comble en permanence et en toute circonstance lorsque nous savons le reconnaître.

*Personne ne peut nous aimer mieux*
*que nous nous aimons nous-mêmes,*
*personne ne peut nous rendre heureux*
*mieux que nous sommes capables*
*de nous rendre heureux.*

Les autres sont des suppléments, des cadeaux. De merveilleux suppléments et de merveilleux cadeaux. Mais en vérité, nous n'avons pas besoin d'eux. Si nous basons notre vie sur notre besoin d'eux, nous souffrirons forcément, et les relations que nous entretiendrons avec les autres seront vouées à l'échec. Nous ne pouvons aimer véritablement si nous avons besoin de quelqu'un.

Réjouissons-nous de ce que nous sommes, de ce que nous créons, de la puissance qui nous habite. Nous sommes des êtres de lumière et par notre nature divine, nous possédons le pouvoir d'intensifier celle-ci et de la manifester dans tous les aspects de notre vie: nos relations, nos avoirs, notre travail, nos amours, notre argent.

Nous avons le pouvoir de briller, au-delà de tout ce que notre imagination peut concevoir. Il est de notre devoir de briller et cette vérité, nous ne devons, à aucun moment et à aucun prix, l'oublier. Nous sommes divins, nous sommes puissants, nous sommes Dieu, depuis toujours et pour l'éternité...